ポケット判　介護の○と×シリーズ

介護技術○と×

櫻井恵美 著

中央法規

はじめに

介護は３つのＨ（Head（知識）、Hand（技術）、Heart（こころ））から成り立っています。知識とは介護実践における諸学問であり、技術は介護技術を指します。そしてこころは、人を大切に思う心、敬う心、やさしさ、倫理など、介護を行う者がもつべき心構えであり、姿勢です。

この３つのＨは、2000（平成12）年に導入された介護保険のなかでも理念として謳《うた》われています。よって、私たち介護職は、この理念に則《のっと》って介護サービスを提供していかなければなりません。

介護保険が導入された際には、ケアマネジメントの重要性についてもいわれました。介護過程という介護実践のスタートであるこの過程を無視して、実際の介護は成立しません。介護過程では、先に述べた介護における３つのＨがどのようにリンクするのかがはっきりわかります。言い換えれば、介護の専門職として自分が足りないものが明確になるのです。

介護技術には、利用者の心身の状況に応じてさまざまな方法があります。介護福祉士養成校やヘルパースクールで教授・指導している介護技術は、少しずつ改良されています。介護の基本原則『安全・安心・安楽、利用者の尊厳《そんげん》を守る、自立支援』に則っているのかという見直しによって変わってきます。

理念や原則を理解している専門職であるからこそ、支援・介助を通して、介護職の日々の介護実践によって表現していく必要があると考えます。

安全・安心・安楽の介護技術の提供のためには、力学的法則・人体の動きのメカニズムに準じ、利用者・介護職ともに無理のない、身体に負担のない方法をとりましょう。自立支援は、介護職は利用者と一緒に、一つひとつの動きを確認しながら動き、繰り返し身体で覚えていくこと、尊厳を守るために、介護に関する了承を得る、介護の説明をする、言動に注意する、羞恥心《しゅうちしん》に配慮《はいりょ》する、プライバシーを守ることです。

本書では介護行為でみられる介護技術について、想定される場面を取り上げ、○×を示しました。×については、「身体面」「心理面」「倫理面」などに分け、×となる根拠を説明しています。介護現場で日々悪戦苦闘している介護職の方々の日々の自分自身の介護技術の点検に役立てていただけると同時に、ご利用者様の『できる力』を引き出し、笑顔あふれるかかわりにつながると幸いです。

介護の専門性が、社会に形として残り、認められることを祈念します。

2013年1月

NHK学園専攻科社会福祉コース
専任教員　櫻井恵美

CONTENTS

2部 移動・移乗技術の○と×

1部

離床ケアの

○と×

1 声かけ

声かけは、利用者との意思の疎通《そつう》を図るうえで重要です。また、声かけに対する利用者の反応を観察し、その日の活動や介護の内容に反映させることも必要です。

1 利用者の健側《けんそく》に立ち、目線を利用者の位置に下ろします。

2 名前を呼んで、あいさつをします。

○○さん、おはようございます

3 自分の名を名乗り、利用者の体調・気分の確認をします。

介護職の□□です。今日の体調はいかがですか

4 これから行う介護の内容を説明し、利用者の同意を得ます。

今日は天気もよく暖かいですよ。中庭でひなたぼっこしながらお茶を飲みませんか？

倫理面 × ベッドサイドからサイドレール越しに利用者をのぞき込む

真上に人の顔があったら怖いですね。目上（年齢の上）の人に対して失礼です。

ギョッ

倫理面 × 介護職が一方的に行動を決める

介護の声かけと離床の声かけは別です。それぞれの目的を理解して提供しましょう。

○○さーん、みんな起きてるよ
昼食の時間なので起きますよ
○○さん、起きてください

2 仰臥位から側臥位

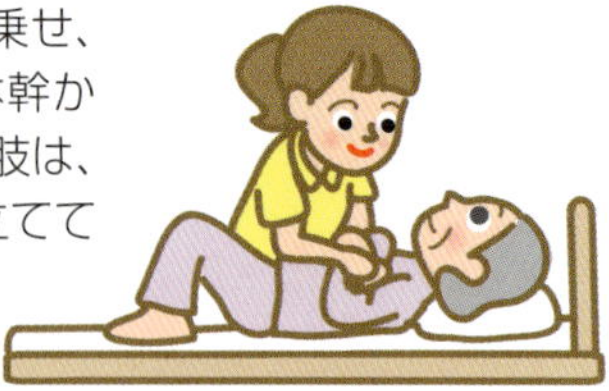

① 麻痺側《まひそく》の上肢《じょうし》を体幹に乗せ、健側《けんそく》で支えます（肘《ひじ》が体幹から落ちていないように）。下肢は、膝《ひざ》が立てられる利用者には立ててもらいます（麻痺側は介助）。

② 側臥位《そくがい》になったときに頭部が落ちないように、枕を健側に引きます。利用者の顔を健側に向けてもらい、頸部《けいぶ》を前傾させます。

③ **介護職は肘で利用者の膝側面、手のひらで腸骨《ちょうこつ》を支えます**（介護職の前腕で利用者の大《だい》腿部《たいぶ》を支えます）。もう一方の手は、利用者の肩峰《けんぽう》から肩甲骨《けんこうこつ》を支えます。

④ 膝から介護職側に寝返ります。介護職はベッドのフレームに膝をあてて、足先は内側に向けます。背筋を伸ばし、膝を曲げながら腰を下ろすように利用者の腰部を自分の臍《へそ》につれてくるように介助します。

⑤ 下肢の向きが変わり始めたら、肩からゆっくりと上半身の向きを変えます。ベッドに対して利用者の身体が直角にならないように、**利用者の後ろに回って腰を引きます。**

× 身体面 介護職の腕の力で利用者の身体を倒す

介護職の手の力が利用者に加わるので、痛みを伴います。介護職も腕の力を使うことによって、負荷が肩から背部、腰部にかかり、腰痛の原因となります。

× 身体面 側臥位になった後、腰を引かない

利用者はベッドに対して直角の状態で、姿勢が安定しません。面積の小さい身体の側面に全体重がかかるので、痛みが生じます。

3 側臥位から長座位

1 利用者の腰の位置に、両足を開いて立ちます。

2 仰《ぎょう》臥《が》位《い》になっている利用者の頸部《けいぶ》(ベッドと身体の間の隙《すき》間《ま》)から手背《しゅはい》(中手骨《ちゅうしゅこつ》を滑らすように)を入れて、向こう側の肩甲骨《けんこうこつ》を手《しゅ》掌《しょう》の厚い部分で支えます。

3 介護職は利用者の頭の位置まで腰を落とし(重心を下げ)、膝《ひざ》を曲げて体重を頭側の足にかけ、肘《ひじ》をテコに向こう側の肩甲骨を浮かせ、介護職のほうに抱き寄せ半側臥位にします。

4 利用者は、自分の臍《へそ》をのぞき込んでいく形で、頭の軌跡がS字カーブを描いて起き上がります。

×　身体面　介護職は足をそろえたまま、直立で、腕の力だけで利用者を起こす

　腕の力で起こされることで、その力が利用者の肩甲骨から頸部にかかり、肩をつかまれてぐいっと起こされる（引っ張り上げられる）ので利用者は痛いです。介護職にとっても、腕のみで利用者の上半身を支えるため過剰な重さが加わります。

×　身体面　急に起き上がる

　仰臥位から急に起き上がると、起立性低血圧を起こす危険があります。重篤《じゅうとく》でなくとも、めまいや頭痛、動悸《どうき》などの症状を引き起こし、気分不快となります。

4 長座位から端座位

① 介護職は利用者の腰の横に立ちます。利用者の膝《ひざ》を立てる、または健側《けんそく》に麻痺側《まひそく》を重ねます。後方についた利用者の手を外側に広げてもらいます。

② 麻痺側を保護するように、一方の手で利用者の肩から肩甲骨《けんこうこつ》を支え、もう一方の手は膝下《ひざした》を支え、両足が開かないように膝の脇《わき》で固定します。

③ 利用者の体重を後方に移動するように、肩甲骨を支えている手に利用者の身体を預けます。利用者の頭部がぐらぐらしないように、介護職の上腕部にもたれかかるようにします。

④ 利用者の坐骨《ざこつ》を軸に、ベッドの端に身体を回転します。

⑤ 利用者の両足の足底が床にしっかりとついていて、座位が安定していることを確認します。

× 身体面　仰臥位《ぎょうがい》で足をベッドの外に出し（下ろし）、下肢《かし》の重さで起き上がらせようとする

身体が無理な方向によじれるので、痛みを伴います。首が後傾してしまうと、起き上がろうとする頭の動きにブレーキをかけます。そのまま起き上がろうとすると、頸部《けいぶ》に負荷をかけて痛みを伴います。

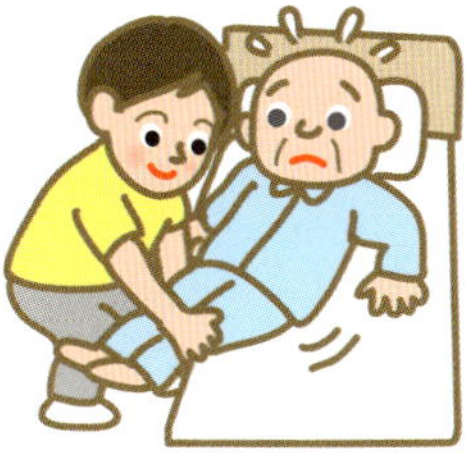

× 身体面　利用者の身体の横についた手を移動せずに、端座位姿勢《たんざいしせい》をとる

手が腰の横にあるので、身体が回転する範囲を狭《せば》めてしまいます。狭《せま》い範囲で移動するとバランスがとりにくく身体が左右前後に倒れやすくなるので、利用者は恐怖を感じ、臀部《でんぶ》や大腿部《だいたいぶ》で手の甲を踏んでしまいます。

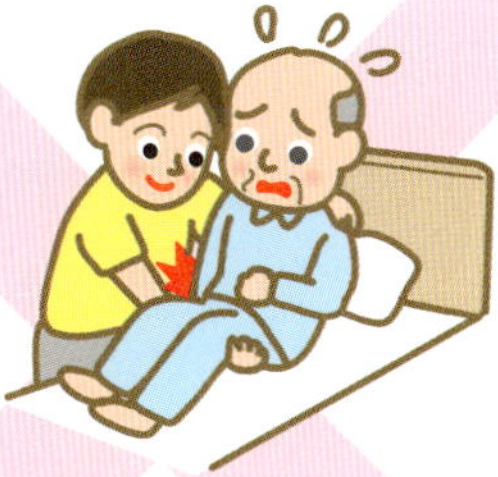

1 安楽体位

安楽な体位には「仰《ぎょう》臥《が》位《い》安楽《あんらく》」「後傾安楽」「前傾安楽」がありますが、褥瘡《じょくそう》の好発部位の保護や、体重を支え安楽であるために支えておく必要のある箇《か》所《しょ》を理解し、クッション等を使用することで、利用者にかかる負担が軽減できます。

安楽体位の条件

- 利用者はベッドの中央に臥《が》床《しょう》している
- 褥瘡の好発部位が適切に保護されている
- 後傾安楽の場合、背部のクッションは面積の広いもので、肩から臀《でん》部《ぶ》を支えている

- 姿勢がつらくなったときにクッション等の位置をずらしたり、外せる自由をもたせている
- 着衣のしわ等を確認し、整えてから安楽体位をとる

身体面 利用者の身体のあらゆる部分にクッション等をあてている

利用者自身が自分で身体を動かせません。

身体面 褥瘡予防にかかとや肘《ひじ》、仙骨《せんこつ》部《ぶ》に円座を使用している

褥瘡が悪化する原因となります。

身体面 患側《かんそく》が身体の下敷きになっている、巻き込まれている

患側が保護されていないことで、圧迫が強まります。

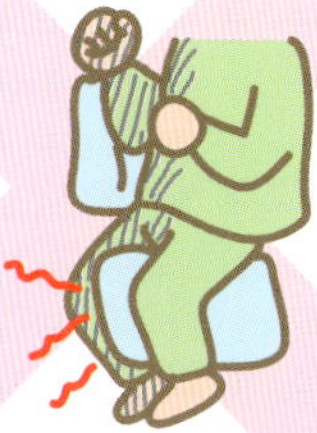

2 上方移動

福祉用具（スライディングシート等）やバスタオルの活用で、利用者に負担のない方法を選択します。片麻痺《かたまひ》の利用者には、健側《けんそく》を使っての移動がしやすいように介助バーを用います。

側臥位

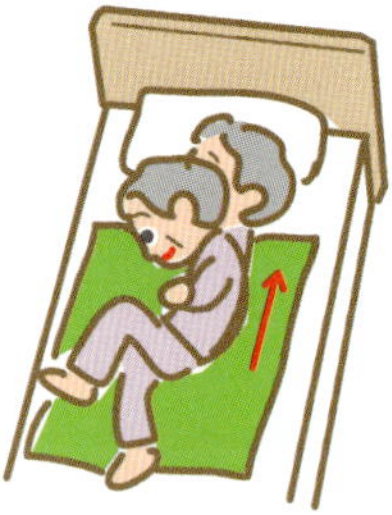

① 臍《へそ》をのぞき込むように顎《あご》を引きます。

② 腰を引く→膝《ひざ》を曲げる→顔を上げる→腰の位置を戻す（まっすぐになる）→足を伸ばします。

仰臥位

① 一方の手で利用者の肩から肩甲骨《けんこうこつ》を下から支え、もう一方の手で利用者の骨盤《こつばん》（臀部《でんぶ》）を支えます。

② 利用者の顔を介護職側に向けて、利用者を介護職に引き寄せるようにし、半円を描き上方へ移動します。

※上方への移動が終わった後は、利用者の臀部がベッドの適切な位置にあることを必ず確認します。

×身体面　無理な体勢で力ずくで引っ張り上げる

人の動きとして、真上に伸び上がる動きはないため、頸部《けいぶ》が無理な形で反《そ》り返《かえ》り、背部にも痛みを伴います。

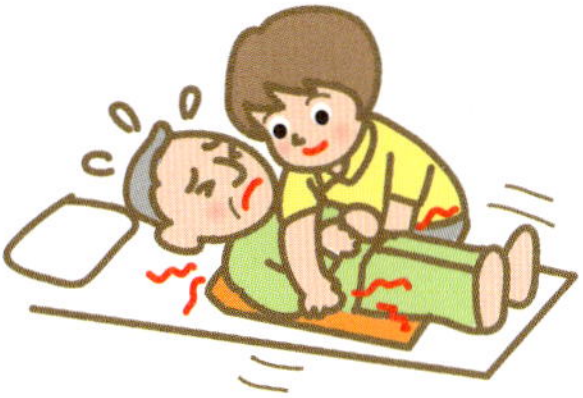

×医療面　利用者の両脇《りょうわき》の下（腋窩《えきか》）を引き上げる

動脈やリンパが通っているため、力強く押さえつけたり、つかまれると、血液の正常な流れを一時的に止めてしまうため危険です。

3 ギャッチアップ

① 利用者にベッドの頭側が上がることを伝え、利用者の寝ている位置を確認します。

② 足もとから少しずつ上げ、頭側を少し上げ、足→頭→足→頭の順に少しずつ調整していきます。

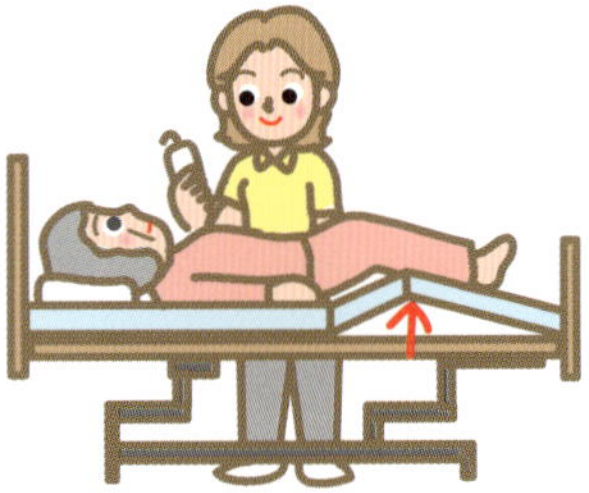

③ ギャッチアップの角度が30度程度になったら、背抜きをし、腰の位置をベッドに深く腰かけさせます。

④ 適度な角度になったら姿勢を確認します。必要であればクッション等を用いて座位姿勢を整えます。

× 精神面 利用者の見えないところでコントローラーを使用する

利用者はどの程度上がるのかがわからないと不安になります。安全・安楽・安心を心がけ、コントローラーの操作は、利用者の顔が見える位置で、利用者を観察しながら行いましょう。

× 精神面 クッション等をあらゆるところに入れて身体を押さえる

利用者が自由に動けず、押さえつけられている苦痛を伴います。福祉用具の使用で介護職の介護負担は軽減されますが、利用者の心理的不安は増えます。必ず介護職の目と手で確認することが大切です。

4 ギャッチダウン

ギャッチアップの動作と反対に、ベッドを水平に近づける動作がギャッチダウンです。ギャッチアップ同様、利用者の姿勢に注意しながら、操作します。

1. 利用者の姿勢、寝ている位置を確認します。

2. 利用者に、ベッドの頭側と足が下がることを伝えます。

3. 頭→足→頭→足の順に、15度程度を目安に少しずつ下ろします。

4. 残りの角度が30度以下になったら、利用者の健側《けんそく》の腸骨《ちょうこつ》を支え、骨盤《こつばん》を左右に揺らしながら、最後まで下げます。

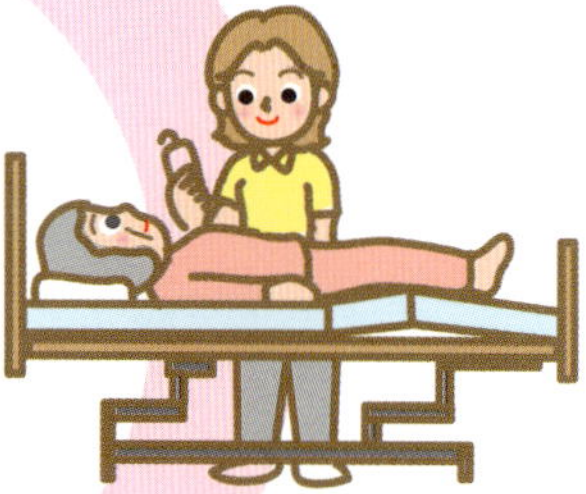

× 身体面 利用者が寝ている位置を確認しない

無理な力が局所的に働き、痛みの原因となります。ギャッチアップの際に身体が下に滑り落ちていることが多いので、ベッドの真ん中のボトム（背上げのときに角度がつく場所）に利用者の腰があることを確認します。

× 身体面 頭側を一気に下げてから足を下げる

頭が床面に引っ張られる感じを与えます。身体がのけぞるので、頸部《けいぶ》・腰部・背部に負担をかけます。食後すぐに行うと胃の部分が不快になり、嘔吐《おうと》することがあります。食後30分はギャッチダウンをしないようにしましょう。

1 ひげそり

① 電動かみそりを点検します（刃が欠けていないか、カバーは破損していないか、充電はされているか）。ベッド上で行う場合は、ベッドをファーラー位程度にギャッチアップします。

② 実施前に、蒸しタオルや温タオルで皮《ひ》膚《ふ》を温め、ひげをやわらかくします。口と鼻の両方をふさがないよう注意します。

③ 滑りがよくなるようにローションなどを用い、利用者に確認しながら、皮膚を傷つけないように少しずつそっていきます。顔の前や耳もとで動かすのはやめましょう。

④ そり終わったら、一度温タオル等でていねいに拭《ふ》き取《と》り、化粧水等をつけて保湿します。

制度面 T字かみそりや安全かみそりで行う

理容行為に該当します。かみそりでのひげそりは「顔そり」に該当し、理容行為であり、理容師のみに認められた行為と法的に位置づけられています。介護職が行うひげそりは「整容」の介護の一部です。

医療面 皮膚を温めずに実施する

皮膚を傷つけてスキントラブルの原因となります。特に高齢者は皮膚が乾燥していたりひげがかたくなっているので、皮膚やひげがやわらかくなってからそるとよいでしょう。

心理面 電動かみそりを顔の前や耳もとで動かす

恐怖感、不快感を与えることになります。電動かみそりの音や振動で利用者が恐怖感をもったり、目の前で動いているのを見ると不快感を与えることになります。

2 ヘアブラッシング

①頭皮を傷つけないように、やわらかい素材のブラシを使用します（豚毛がよい）。毛先のとがったものは避けます。

②乾いた髪は少しだけ霧吹きなどで濡《ぬ》らしてからブラシをかけます。利用者のななめ前または横に位置し、頭部がぐらつかないように、利用者の頭部や頸部《けいぶ》を支えます。

③力を入れ過ぎないように注意します。毛量が少ない高齢者の場合は、髪をすくようにていねいに指で頭皮をゆっくりもみほぐすのもよいでしょう。

④終わったら抜け落ちた頭髪を除去し、清潔にします。１人の利用者が使い終わったブラシを続けてほかの利用者に使うことは避けます。

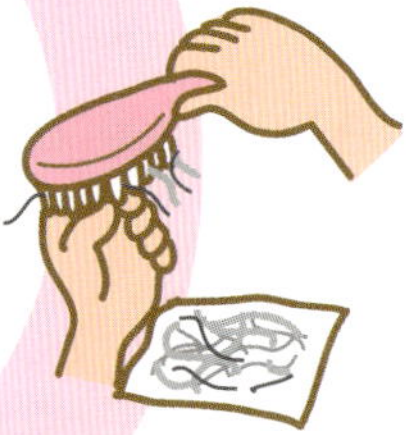

×衛生面　1つのブラシで何人ものブラッシングを続けて行う

髪の毛は、雑菌やほこりなどの汚れが多く付着しています。利用者にすれば、ほかの利用者が使ったブラシでは、衛生面で不快感を覚えるでしょう。

×心理面　座っている利用者の正面に立ち、頭をのぞき込むようにブラッシングする

利用者に心理的な圧迫感を与えます。整髪・整容の介護の場は、利用者がリラックスし、よい人間関係をつくる場となるよう配慮《はいりょ》します。

×身体面　頭部をぐらつかせたまま行う

頭部がグラグラすると軽い脳震盪《のうしんとう》症《しょう》状《じょう》と同様、めまいやふらつきを引き起こしたり、頸部への負担ともなります。

3 洗顔

① 菌が入らないよう、最初に目を拭《ふ》きます。目がしらから目じりに向かって、片目を拭いたら、タオルの面を変えてもう片目を拭きます。

② 額《ひたい》は中心から左右に、髪の生え際はていねいに拭きます。

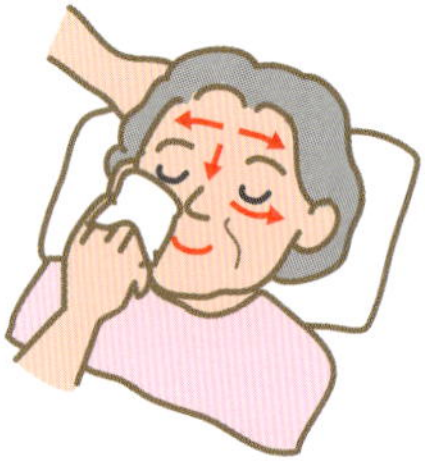

③ 顔は、口もとに向かって周りを拭きます。くぼんでいるところはタオルを指に巻きつけ拭き取ります。

④ 頬《ほお》は、頬骨に沿って顔の中心から横に向かって拭きます。

⑤ 耳の周囲、口の周囲、顎《あご》の順に、上から下へと拭いていきます。

× 倫理面 タオルを顔全体に広げ、介護職の手のひらを大きく広げて、タオルの一面で拭き取る

　他人からみると、利用者の顔をタオルでわしづかみにしているように見え、利用者もそのように感じるので、細部まで清潔にできないとともに、利用者の尊厳を無視した行為です。

× 衛生面 タオルの温度を下げるために、バサバサと広げてから、たたみ直して使用する

　広げている間に空気中の細菌が付着してしまいます。蒸し器や熱い湯でタオルを湿らすことで、タオルを殺菌しています。また使用する際は、できるだけ介護職の手がタオルのあちらこちらに触れないよう留意しましょう。

4 爪切り

① これから爪《つめ》を切ることを伝え、爪の状態を確認します。医療職にも実施の可否を確認します。入浴後、手浴《しゅよく》・足浴《そくよく》後《ご》、タオルで手を温め、爪が湿潤した状態で行います。

② 利用者が楽な姿勢をつくり、利用者の手を下から広い範囲で支えます。

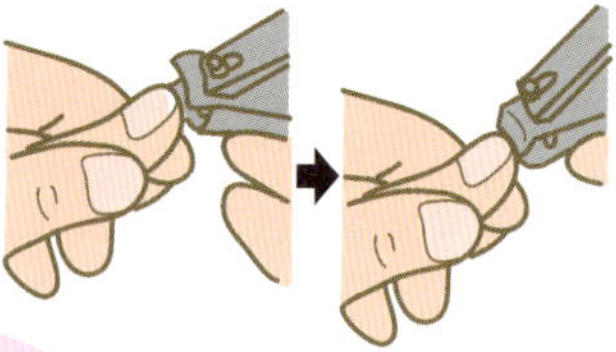

③ いきなり爪切りの刃を当てるのではなく、爪の端から少しずつ切り始めます。利用者の表情を見ながら、痛み等がないか、どのくらい切るのかを確認しながら行います。

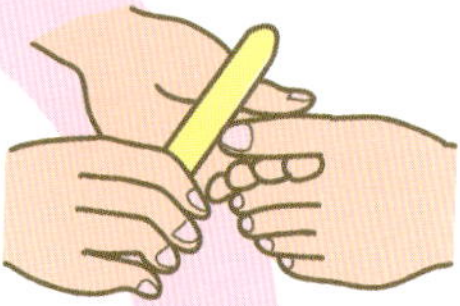

④ もろくなった爪は、爪切りで切らずにやすりをかけます。

⑤ 切り終わったらハンドクリームなどをつけます。切った爪は、ティッシュペーパーや古新聞等で包んで捨てます。爪切りを消毒して終了です。

×倫理面　寝たきりの利用者の両足の爪が伸びていたので、就寝中であったが、爪切りで切った

　利用者の同意なしに切ることは、たとえ寝たきりであっても、倫理的に問題となるサービスです。

×医療面　伸びている爪を見つけたので、床頭台《しょうとうだい》にあった爪切りで切った

　爪の状態を判断せずに切ることは、場合によっては医療行為に該当します。巻き爪などを見つけたら、医療職に報告・相談しましょう。

5 歯みがき

① 利用者の正面に位置します（片麻痺《かたまひ》の場合は麻痺側を保護します）。

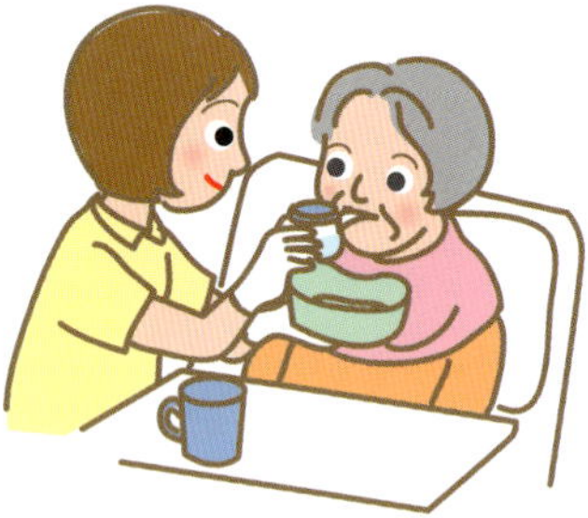

② 口腔内《こうくうない》を湿らせるため、一度うがいをしてもらいます。歯ブラシを濡《ぬ》らし、歯みがき剤をつけます。

③ 歯ブラシの毛先を歯面に対して90度にあて（スクラビング法）、歯肉溝は45度にあてます（バス法）。力を入れすぎないように、小きざみに1歯ずつみがきます。

④ 口腔内にたまった唾液《だえき》は適宜《てきぎ》出すよう声かけします。また、一度にみがく範囲は狭《せま》くします。

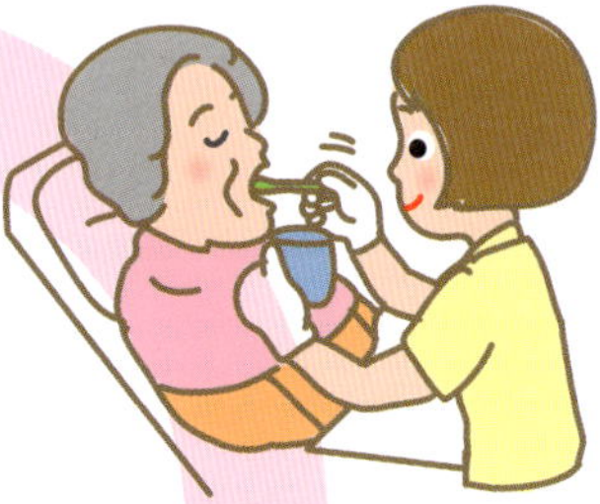

⑤ 使用後の歯ブラシは、植毛部までしっかり流水で洗い流し、乾燥した状態を保つよう保管します。

× 身体面 利用者が座っているのに、介護職が立って上から介助する

利用者の顎《あご》が上がり(頸部後屈姿勢《けいぶこうくつしせい》)、口腔内の水分が気道に入りやすくなり誤嚥《ごえん》しやすくなります。介護職は、腰を低くし、利用者の目線と同じ位置で介助しましょう。

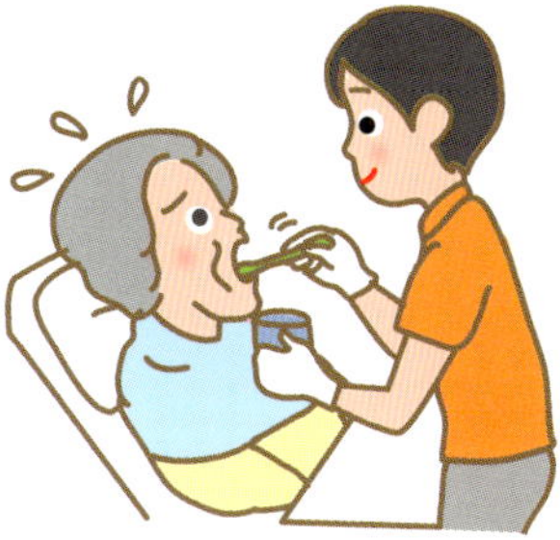

× 身体面 歯ブラシを握って、毛先を歯面に押しつけるようにゴシゴシみがく

利用者の歯や歯茎《はぐき》に余分な負担がかかることになります。歯槽膿漏《しそうのうろう》や歯間の広がっている人は強い摩擦《まさつ》によって歯茎が傷つきやすいです。

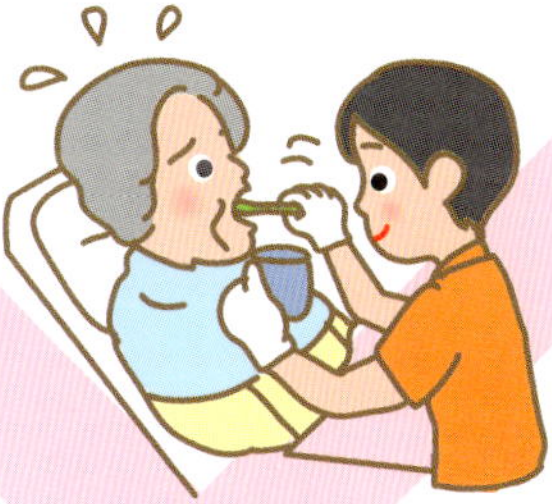

6 耳掃除

① 耳掃除《みみそうじ》のための環境を整備します。耳の中がよく見えるよう照明や太陽光が入る場所で行うと同時に、周りに人がいないところで行います。利用者が楽な姿勢で行えるように、体位なども整えます。

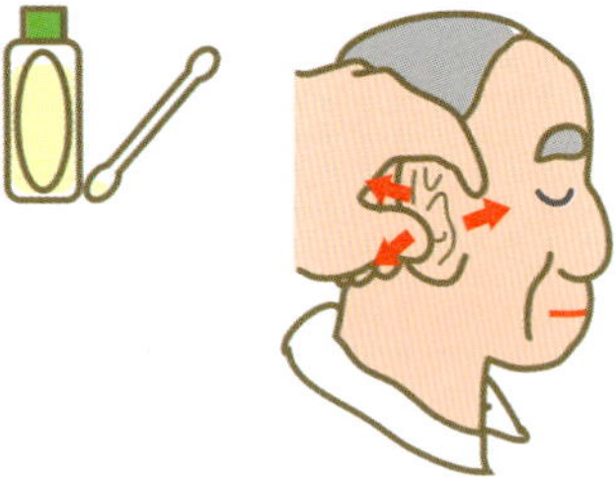

② 耳垢《みみあか》が湿性か乾性かを考慮《こうりょ》して、綿棒を用意します。湿性の耳垢には、凹凸がついているスパイラル綿棒が取りやすいです。乾性の耳垢には、綿棒に赤ちゃん用のオイルなどを湿らせておくと取りやすいです。

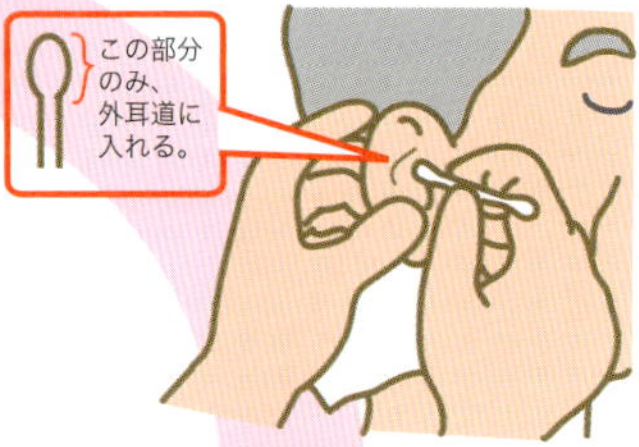

③ 介護職は耳介《じかい》を引っ張りながら、外耳道《がいじどう》を広げ、耳の穴から1cmぐらいあたりの耳垢を除去します。

④ 介護職から綿棒の先の綿花が見える程度の範囲で、取れる耳垢だけを除去していきます。

×身体面 竹製の耳かきを使用する

竹製は先端がややとがっていたり、かたかったりするなど、外耳道の皮膚《ひふ》を傷つけてしまうことがあります。

×医療面 かたくてなかなか除去できない耳垢を無理やり取ろうとする

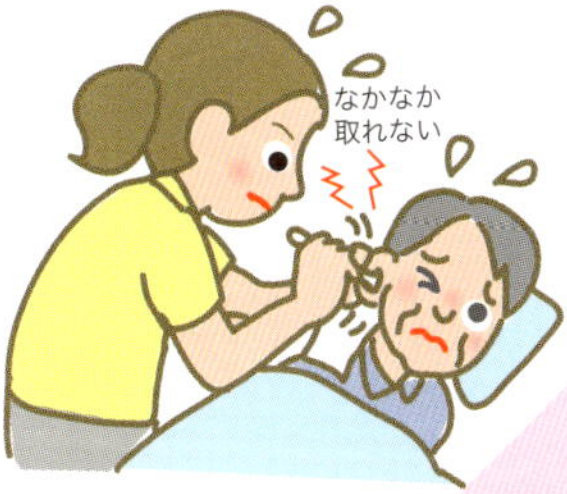

鼓膜《こまく》の損傷に加え、耳垢を奥に押し込んでしまうことになり、皮膚が傷つき、出血する可能性もあります。

1 寝たままでの着脱（上衣①）

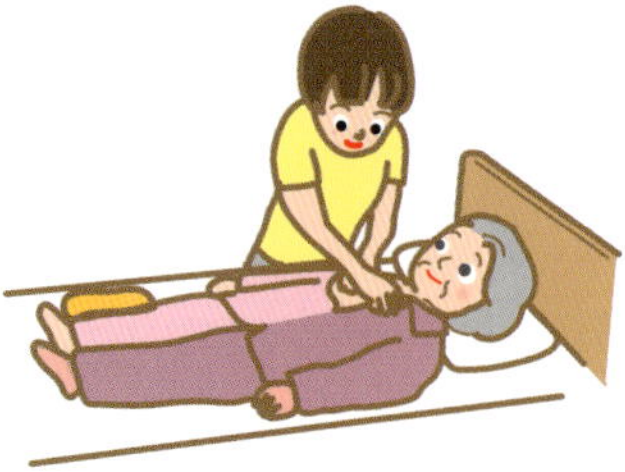

① 健側《けんそく》の上肢《じょうし》のそでが脱ぎやすいようにえりぐりをゆるめ、健側のそでを肩からずらしながら肩口を広げます。健側の上肢をくの字にして脱いでいきます（肩→肘《ひじ》→手関節→指先）。

② 脱いだ健側の身ごろを内側に丸め、利用者の身体の下に入れます。利用者に肩を上げてもらいながら、肩・ウエスト・腸骨《ちょうこつ》の下に衣服を深く入れ込みます。

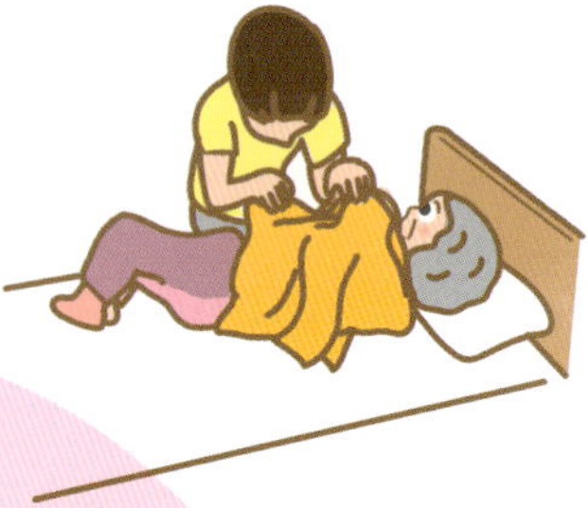

③ 利用者の健側が下になるように側臥位《そくがい》にし、身体の下に入れ込んだ衣服を引き出します。着替える衣服を背中にかけると同時に着衣を外します。

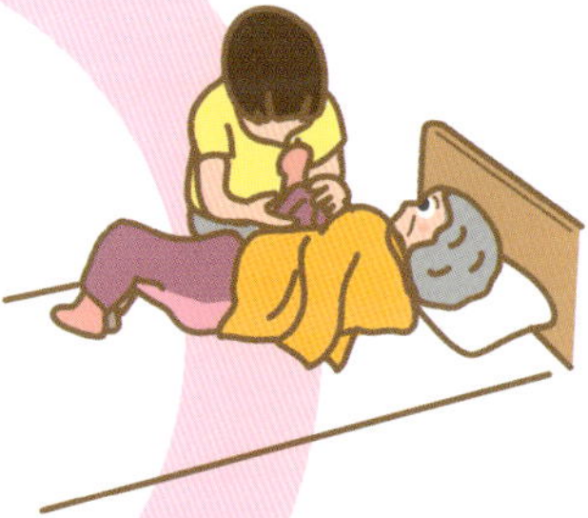

④ 麻痺側《まひそく》の上肢は、肘から手のひらを、介護職の手のひらから前腕《ぜんわん》部《ぶ》で下から支えながら、そでを脱がせます。

⑤ 脱いだ衣服は内側にして丸め、ランドリーバッグ等に納めます。

×　倫理面　着ていた衣服を外し、上半身裸の状態のままにする

利用者の羞《しゅう》恥《ち》心《しん》への配《はい》慮《りょ》が必要です。加えて冬場であれば、身体が冷えることで風《か》邪《ぜ》につながることもあります。

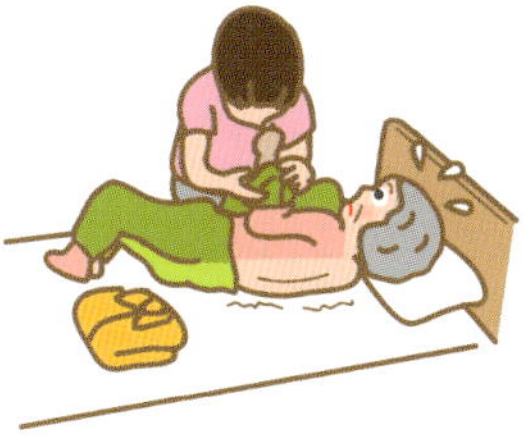

×　身体面　「自分でできる」「がんばれ」と声だけかける

どこができてどこができないのかというアセスメントがないと、単純な声かけだけに終わり、場合によっては事故につながることもあります。

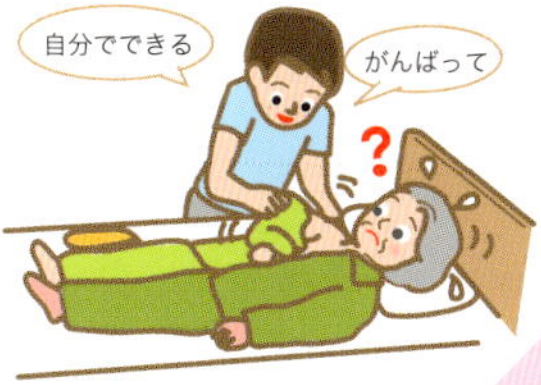

×　倫理面　利用者が行っているところを上から眺めている

上から眺めるのではなく、声かけと同意を交えながら、本人の力を引き出すかかわりが必要です。

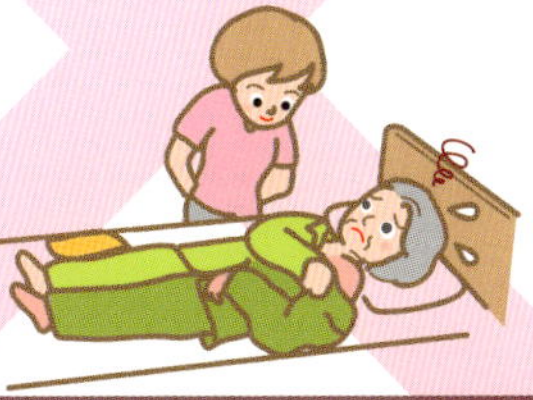

2 寝たままでの着脱（上衣②）

① 麻痺側《まひそく》の上肢《じょうし》に新しい上衣のそでを通します。利用者の手関節を下から支えます。指先がそで口に引っかからないように注意しながら、静かに通します。

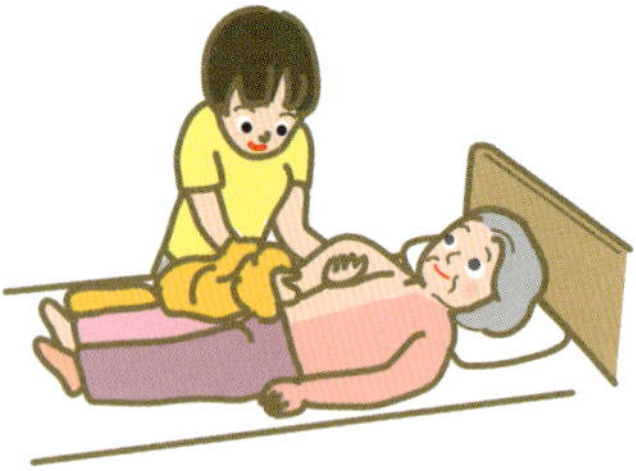

② 上衣のえりにタグがある場合は、利用者の頸椎《けいつい》の位置に合わせ、背中、脇《わき》を合わせて、健《けん》側《そく》の身ごろを身体の下に入れ込みます。

③ 利用者を仰臥位《ぎょうがい》にし、身体の下から衣服を引き出します。このとき、利用者に声をかけ、肩を上げてもらうと引き出しやすいです。

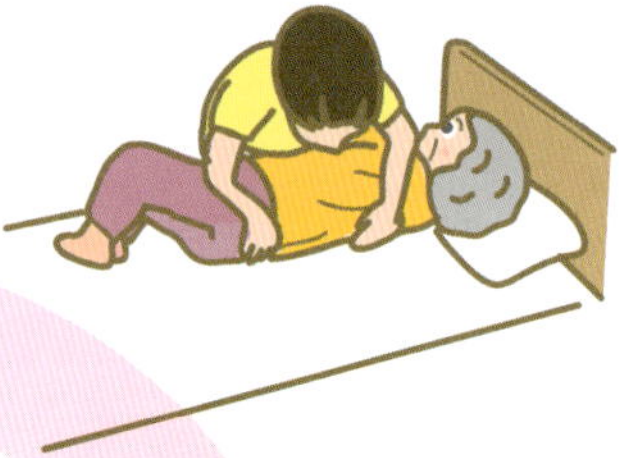

④ 健側のそで口を腋下《えきか》より下にくるよう衣服を置きます。利用者の上肢をくの字にし、指先からそで口に通してもらいます。

⑤ 可能な範囲でボタンをとめます。

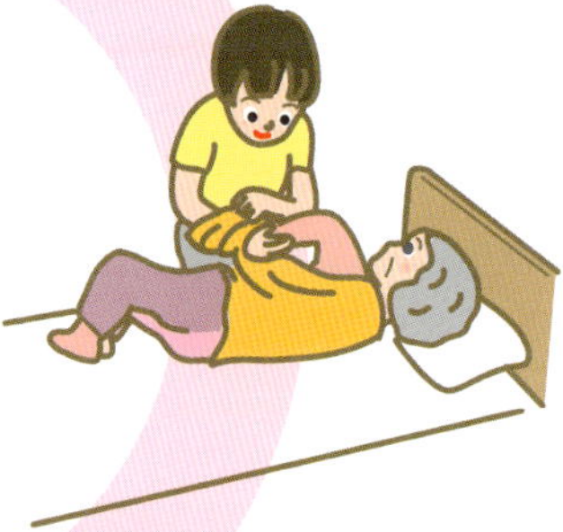

心理面 × 着替えの途中で足りないものを取りに何度も移動し、利用者から離れる

　利用者はその間、無防備な状態になり、恐怖心を抱くことになります。

医療面 × 麻痺側の上肢を上からつかみ、無理やり引っ張りながら新しい上衣を着せる

　麻痺側は筋力も低下し、自分で力を入れて支えていることもできません。つかまれることで筋が緊張し、かたくなります。そこに、引っ張られるという無理な力が加わることで脱臼《だっきゅう》する危険もあります。

3 寝たままでの着脱（下衣①）

① 利用者に可能な限り腰を上げてもらいます。

② 健側《けんそく》の手のひらを骨《こつ》盤脇《ばんわき》に置き、ベッドを押すように力を入れること、健側の膝《ひざ》を曲げてできるだけ臀部《でんぶ》に近いところで足底でベッドを踏みつけるようにして腰を上げることを声かけします。

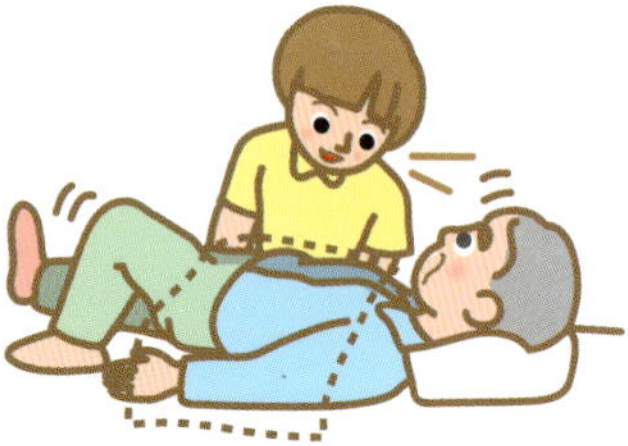

③ 健側の膝を曲げてもらい、ズボンを下ろします。

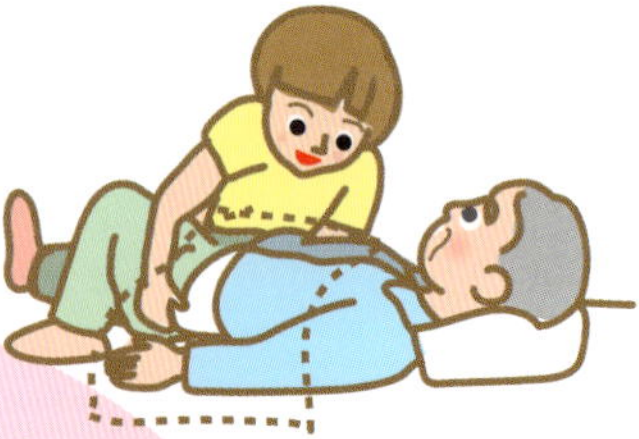

④ 麻痺側《まひそく》の下肢《かし》を下から支え、かかとを保護し、指先に注意しながら、ズボンを下ろします。

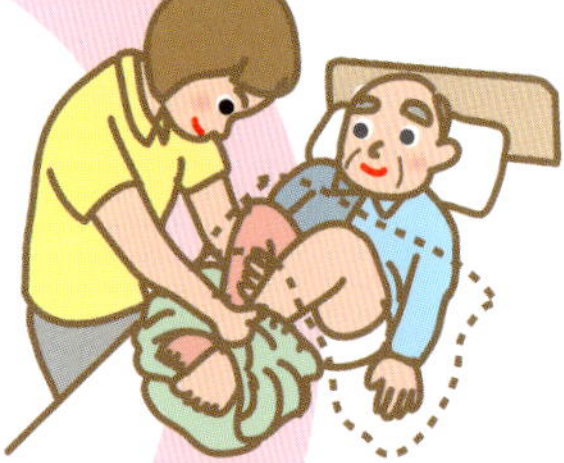

× 身体面 ズボンのウエストを持ち、力任せに引き下ろす

身体も合わせて移動することでベッド面と摩《ま》擦《さつ》が生じ、利用者に痛みを与えます。

× 身体面 ズボンの両すそを持って引っ張り下ろす

途中で足先がズボンにからまってしまい、利用者に無理な圧力がかかってしまいます。

4 寝たままでの着脱（下衣②）

1 介護職は、利用者の顔が見える位置に立ちます。臀部《でんぶ》にはかけ物をしておきます。

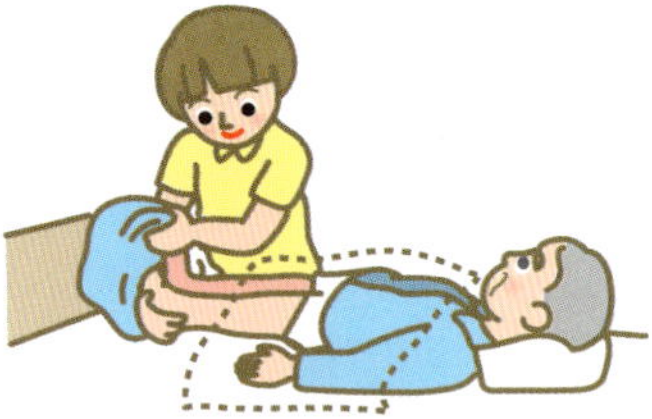

2 健側《けんそく》の膝《ひざ》を曲げてもらいながら、ズボンのすそを通します。脱ぐときと同様、利用者の手と足の力の協力を得ます。

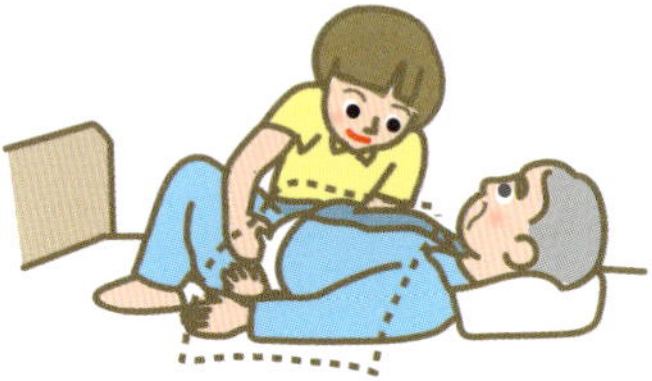

3 健側を使って腰を浮かしてもらい、臀部を履《は》かせます。

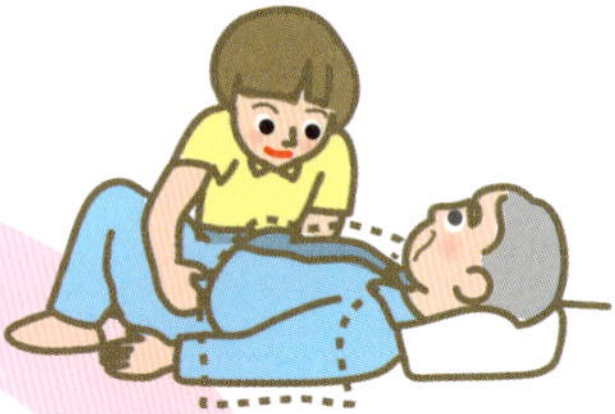

4 上衣のすそはズボンに入れるか出すのかを確認します。

5 しわやヨレがないか、合わせて着心地を確認します。

×身体面　着替える衣服を乱暴に広げ、麻痺側《まひそく》に置く

麻痺側に置かれると、利用者は自分の力を活かすことができません。健側に衣服を置くと、衣服を取るということから自分でできます。利用者に自分でする意識づけを行うことも大切です。

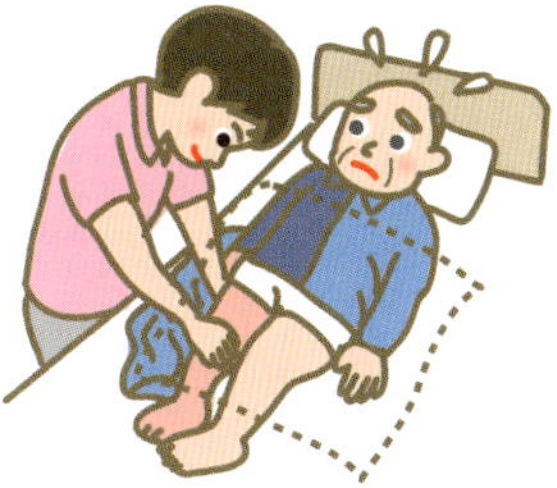

×倫理面　何の説明もなくかけ物を外す

いきなり裸にされると、恐怖心を抱かせることになります。「着替えをしましょう」という声かけを行ったのであれば、利用者に自分で着替えてもらうことを前提としています。声かけと反する行為で、乱暴かつプライバシーを無視した行為は利用者に恐怖心・不信感を抱かせることになります。

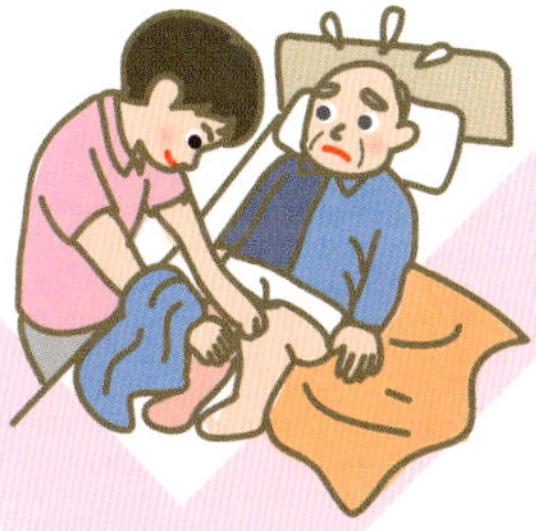

5 端座位（いす座位）での着脱

上衣

❶ 利用者の座位姿勢を確認し、つかまる場所を確保します。介護職は利用者の麻《ま》痺《ひ》側《そく》寄《よ》り正面に立ちます。

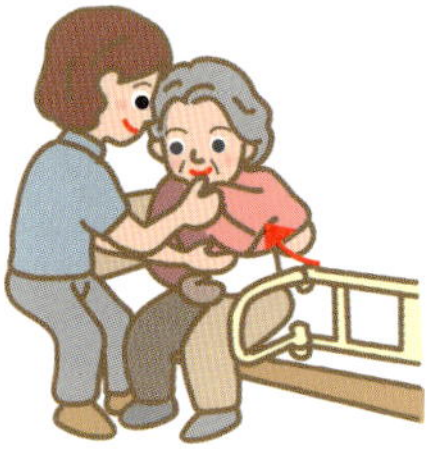

❷ 利用者に健側《けんそく》の手で**前身ごろ、後ろ身ごろをたくし上げてもらいます。**後ろ身ごろまで手が回らない場合は介護職が手伝います。

❸ 麻痺側のそでは利用者に脱いでもらいます。**介護職は肩を外す手伝いが必要**です。衣服を外しやすいようにまとめる介助をします。

下衣

❹ 健側の手でズボンを下げます。臀部《でんぶ》が出ない程度（腸骨《ちょうこつ》のところ）まで下ろしてもらいます。

❺ 一度立ち上がって、臀部を外し、再度座ります。健側の足を脱いでいきます（ズボンを下ろす際は2～3段階で下ろす）。ズボンが床に着かないようにまとめます。利用者のバランスが崩《くず》れていないかを観察します。

× 倫理面 そで口を引っ張りながら（衣服を引き伸ばし）抜き取る

衣服は利用者の財産です。そで口を引っ張ることで生地《きじ》が伸び、形が変わります。利用者の物はていねいに取り扱うことが原則です。そでを外すときは、肩から外さないと脱ぐことはできません。手順を踏まえましょう。

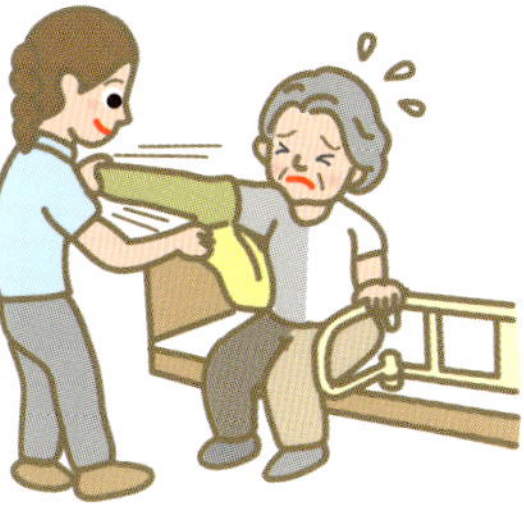

× 身体面 利用者の顔が上を向いているのに頭から衣服を脱がせる

介護職が利用者の麻痺側に立って介助していると、コミュニケーションをとる際に利用者は顔を上げることがあります。顔が上がっているときに衣服（かぶりもの）を脱がせる介助を行うと、顎《あご》に引っかかり息苦しくなります。また、無理な姿勢により頸部《けいぶ》への負担になります。

6 靴下・靴の着脱

① 靴下《くつした》は手繰《たぐ》りまとめておきます。介護職の手のひらで、利用者のかかとからつま先を、下からしっかりと支えます。

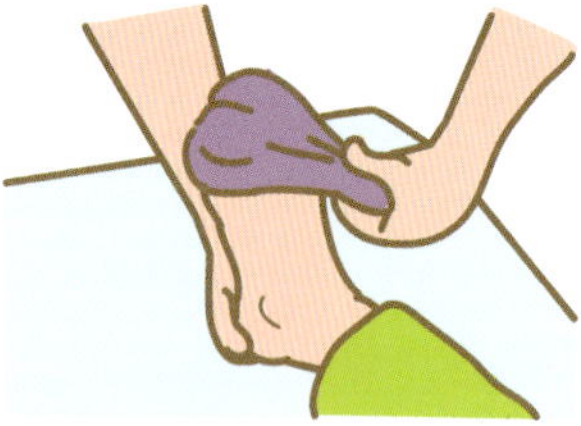

② 親指の先から小指へと、ゆっくりていねいに靴下を足に履《は》かせます(爪《つめ》の損傷に注意します)。

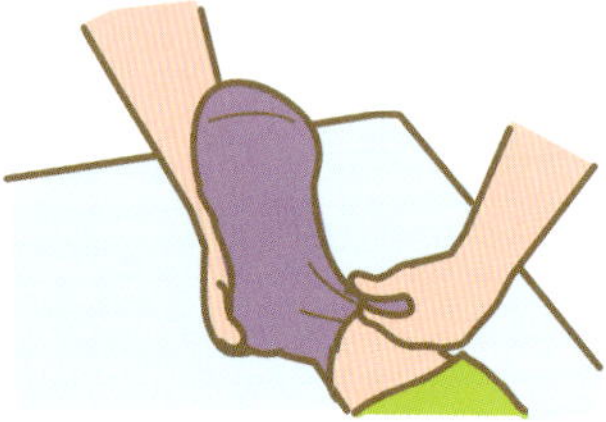

③ 靴を履かせるときは、つま先からゆっくりと足を入れます。介護職の左右の親指を靴べら代わりにして、かかとを合わせます。

身体面　よそ見をして介助する

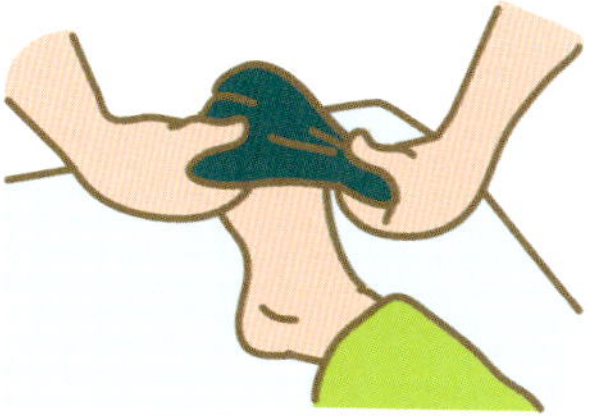

爪に引っかかり割れる原因となります。靴下・靴ともに身につけるものです。単に着せる・履かせるだけのものではありません。高齢者のかたい爪や皮膚《ひふ》に繊維《せんい》が引っかかり、けがにつながります。利用者の観察を怠《おこた》らないよう注意しましょう。

倫理面　靴下を引っ張りながら足首まで伸ばす

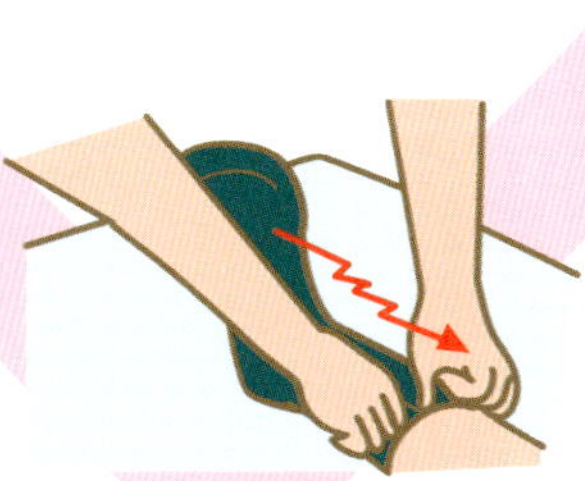

利用者の衣服は引っ張らずに、大事に取り扱います。靴下はつま先を合わせ、かかとを合わせて履くことで身体にフィットします。履き口だけ引っ張っても、生地《きじ》を伸ばすだけです。フィットしない靴下により、つまずいたり転倒する危険もあります。

2部

移動・移乗技術の ○と×

1 ベッドから車いす（全介助）

❶ ベッドに対し、車いすを利用者の健側《けんそく》に20〜45度の角度に置き、ブレーキをかけます。

❷ 利用者の麻痺側《まひそく》を保護します。

❸ 立ち上がる準備をします。健側の臀部《でんぶ》を前に出してもらい、麻痺側の仙骨部《せんこつぶ》を手のひら、腸骨《ちょうこつ》を前腕《ぜんわん》で支えます。健側の臀部と手のひらで、ベッドを押すように体重移動させ、麻痺側の臀部を前に移動します。

❹ 深くお辞儀をするように利用者を前傾姿勢にし、介護職は姿勢を低くし、肩から胸で利用者の体重を支えます。お尻《しり》が浮いたら、利用者とともに車いす側に腰を回転します。

❺ 再び深くお辞儀をし、臀部を座面に突き出すようにゆっくりと座ります。

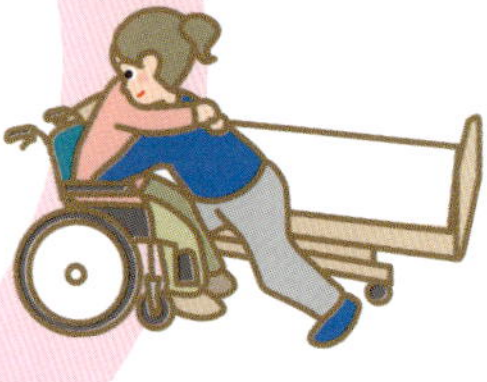

❻ 利用者の身体の動き・スピードに合わせ、呼吸を合わせながらゆっくりとした動作で行います。

身体面 × 車いすのブレーキをかけずに介助する

車いすが動いて、尻餅《しりもち》をついてしまいます。

身体面 × 医療面 × 利用者のズボンのウエスト部分をつかんで吊《つ》り上げる

臀部の皮膚剥離《ひふはくり》の危険があります。利用者は引き上げられることで、車いすに落とされる恰好《かっこう》で座り込みます。また、介護職も利用者の重さに引っ張られ、前屈《まえかが》みの姿勢となり、腰痛の原因になります。

身体面 × 利用者の足の間に、介護職の足を入れる

利用者の動きを制限することになります。軸足が回転できないため、利用者の下腿《かたい》がねじれます。着座が不安定になり危険を伴います。

2 ベッドから車いす（自立支援）

1 移乗する準備を整えます。利用者に先に深くお辞儀をしてもらいます。介護職は利用者の腰の位置まで重心を落とします。

2 介護職は、利用者側の足から車いす側の足へ体重を移動し、利用者が立ち上がるのを助けます。利用者が立ち上がったら、再び重心を利用者側へ移動します。

3 利用者の腰がベッドから離れたら、膝《ひざ》に置いた手を肩峰《けんぽう》に添え、利用者の身体が前に振り出されるのを防ぎます。

4 健側《けんそく》の足を軸に回転し、臀部《でんぶ》が座面の正面にきたら、お辞儀をしながら臀部を突き出すようにしてゆっくりと車いすに腰かけます。利用者の健側の動きに合わせ、麻痺側《まひそく》を支援します。

5 介護職は、利用者が腰を下ろす前に姿勢を低くします。

身体面 車いすが遠くアームサポートが握れない

手が滑ってバランスを崩《くず》して転倒する危険があります。また、力が入らないので腰を浮かすことが困難です。

身体面 麻痺側の足を前に出す

車いすに移る際に麻痺側の足が残ってしまうため、座面に近づくことができません。座面に浅く腰かけ、ずり落ちてしまう危険があります。さらに、残ってしまった麻痺側の足を介護職が踏んだり蹴《け》ってしまう可能性があります。

身体面 介護職が中腰のまま、着座介助する

腰・背部に負担がかかり、腕力で利用者を座らせることになるので危険です。

3 ベッドから車いす（自立支援。介助バー使用）

① 介助バーは利用者の健側《けんそく》に、車いすは麻《ま》痺側《ひそく》に用意します。車いすは利用者の体形や車いすの形状によって角度をつけます。

② 車いすに移乗する準備を整えます。麻痺側の足は立ちやすい位置に、車いす寄りに半歩程度前に出します。

③ 利用者は介助バーを握って立ち上がります。介護職は、利用者の麻痺側の上肢《じょうし》と下肢《かし》を介助します。

④ 利用者が立ち上がったら、健側の足を踏み変え、車いすのほうへ方向転換します。介護職は利用者の腰と肩を支えて安定させ、車いすに座らせます。

身体面 車いすが遠く、アームサポートが握れずに手を乗せただけの介助

手が滑ってバランスを崩《くず》して転倒する危険があります。力が入らないため、利用者は腰を浮かすことが困難です。

身体面 麻痺側の足を前に出す

車いすに移る際に麻痺側の足が残ってしまうため、座面に近づくことができません。また、座面に浅く腰かけることで、ずり落ちる危険があります。

4 車いすからベッド（全介助）

❶ 利用者の健側《けんそく》にベッドがくるように車いすを置きます。その際、車いすが動かないようにブレーキをかけ、フットサポートを上げておきます。移乗した際、利用者の臀部《でんぶ》がベッド中央にくるようにします。

❷ 座面に深く腰かけている利用者を浅座りにします。

❸ 利用者が立ち上がったら、健側の足を踏み変え、ベッドのほうへ方向転換します。介護職は利用者の腰と肩を支えて安定させ、ベッドに座らせます。

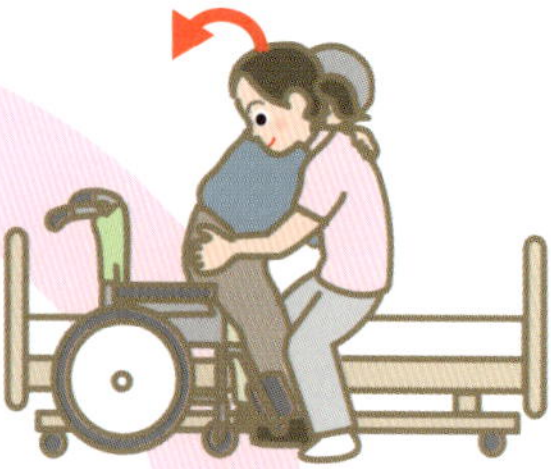

身体面 利用者の麻《ま》痺《ひ》側《そく》にベッドがある

利用者は、移乗する対象（ここではベッド）に対して軸足を回転させるため、移乗しにくいです。必ず健側に対象がくるようにしましょう。

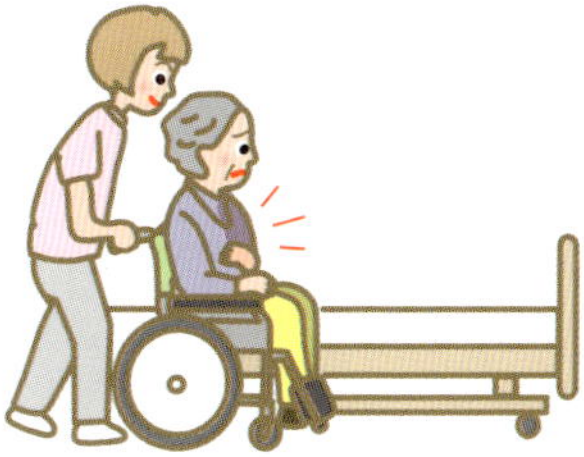

身体面 利用者の臀部の位置を考えずに移乗させる

仰《ぎょう》臥《が》位《い》になったとき、上方移動や下方移動が必要になり、介護職・利用者ともに負担がかかります。移動や移乗の支援の際は、介助内容のみならず、介助動作後を考えて行いましょう。

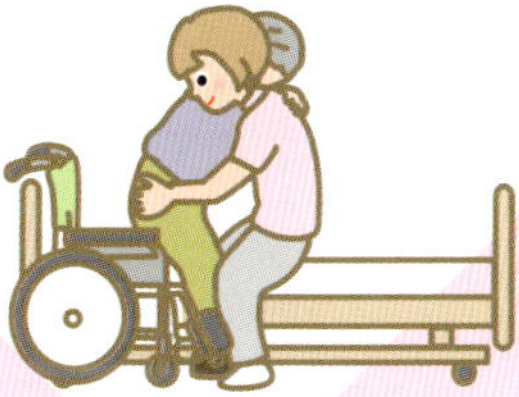

5 車いすからベッド（自立支援）

❶ 利用者の健側《けんそく》にベッドがくるように車いすを置きます。その際、車いすが動かないようにブレーキをかけ、フットサポートを上げておきます。移乗した際、利用者の臀部《でんぶ》がベッドの中央にくるようにします。

❷ 座面に深く腰かけている利用者を浅座りにします。利用者の健側の足を1歩前に出しながら、臀部を前にずらします。

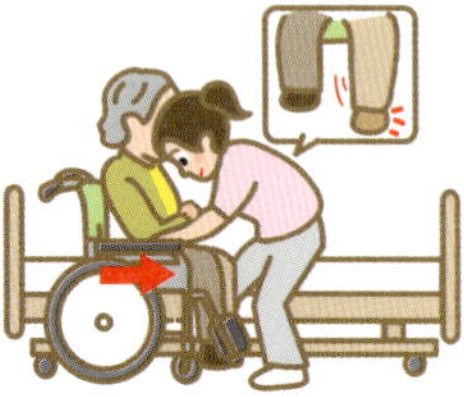

❸ ベッド上に利用者の健側の手をつき、健側の足をベッド側に半歩出します。前に出した健側の足に体重を移し、腰を上げます。腰が上がったら、麻《ま》痺《ひ》側《そく》を介助し、方向転換します。

❹ 立位保持ができる利用者は、介助バーを使用します。介助バーに体重を移動し、立ち上がります。立位を安定させ、ベッドに方向転換します。

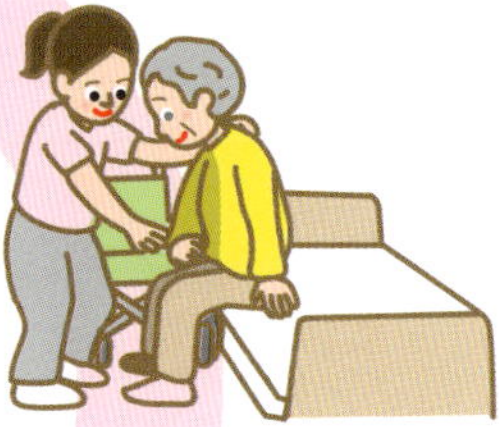

❺ 利用者の手や足の位置、体重移動の様子をしっかり観察し、不安定になる際のサポートをします。

× 身体面 腰がしっかりと上がらないうちに方向転換する

腕の力に頼らざるを得ません。力任せに移乗するため、勢いあまって着座時に衝撃が加わり、脱《だっ》臼《きゅう》や骨盤圧迫骨折《こつばんあっぱくこっせつ》の危険があります。手で体重を支えきれず、ベッド上に倒れ込むことになります。

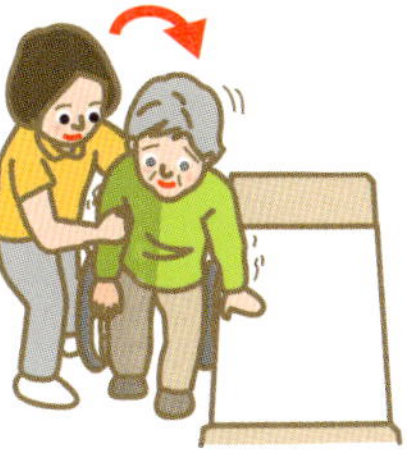

× 心理面 利用者の動きを観察せずに、介護職のペースで移乗する

利用者は、自分のもつ力を活かすことができず、また、自分のタイミングで動くことができないため、恐怖心を抱くことになります。

6 車いすからいす（全介助／一部介助）

全介助

背もたれのあるいすへ移乗する例を示します。

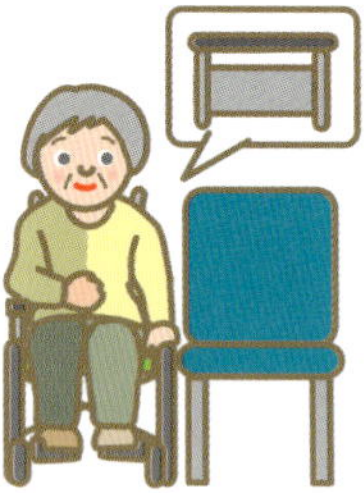

1 利用者の健側《けんそく》にいすを置きます。車いすといすが離れないようにします。麻痺側《まひそく》は介護職が保護します。

2 フットサポートは上げておきます。

3 移乗する際、介護職は移乗するいすが動かないように手や足でロック（固定）します。
※食堂などテーブルがある場合は、あらかじめいすをテーブルから離しておきます。

一部介助

※食堂のようにテーブルがある場合は、利用者にはテーブルに手をついてもらい、寄りかかりながら座ります。その後、いすとテーブルの距離を修正します。この際、膝《ひざ》をしっかりと伸ばして立位を安定させることが大切です。

身体面 × 座面が回転したり、背もたれのないいすへ移乗する

座る位置の目安がとりにくいため、移乗時によろけたり、転倒する原因になります。

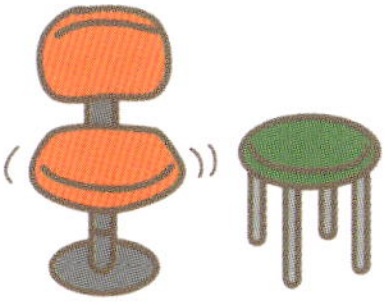

身体面 × 重心を前に移動しないで立たせようとする

利用者が足底でふんばろうとしている力を邪魔《じゃま》します。また、介護職は持ち上げる介助になり危険です。

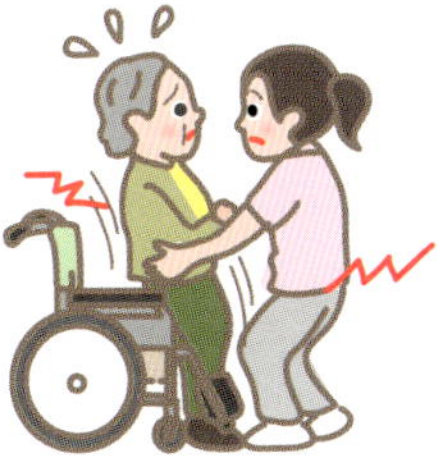

安全面 × いすを押さえずに移乗する

一部介助においては、利用者は健側の手でいすを押さえ（いすにつかまり）、体重をかけるので、座るときにいすが不安定になり、転倒の原因になります。

7 ベッドからポータブルトイレ（一部介助。介助バーを使用）

① 利用者に端座位《たんざい》になってもらいます。

② 利用者の麻痺側《まひそく》にポータブルトイレを置きます。ベッドとポータブルトイレが同じ高さであることを確認します。

③ ポータブルトイレを移乗しやすい場所に設置し、ふたを開けます。介助バーの安全を確認し、L字にします。

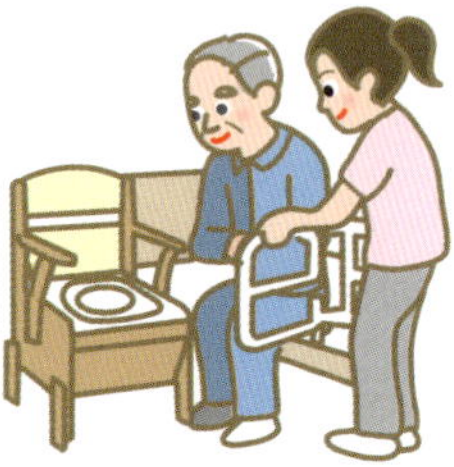

④ 立ち上がりを介助します。利用者の麻痺側を支えます。

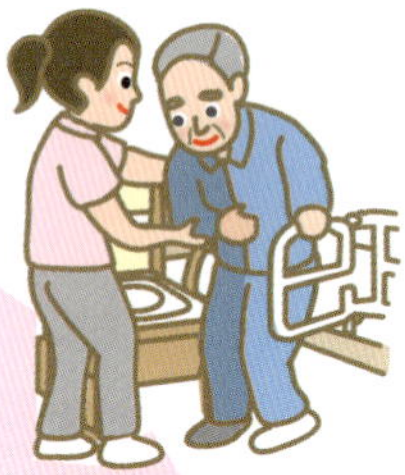

⑤ ポータブルトイレに着座します。臀部《でんぶ》が奥に入るように、深くお辞儀をして腰かけるように声をかけます。

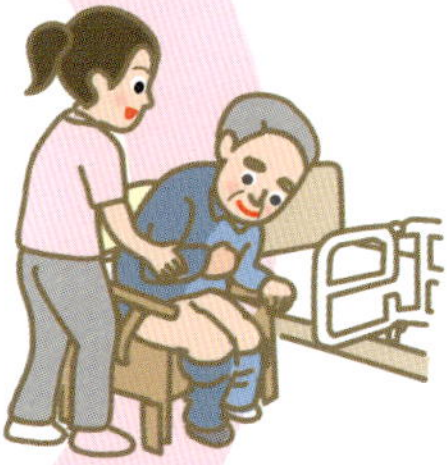

× 身体面 ポータブルトイレを健側《けんそく》に置く

ポータブルトイレを健側に置くと、ベッドに戻る際、利用者が軸を回転させる際に健側を活用しにくくなります。

× 医療面 健側の足が蹴込《けこ》みに入っていない

蹴込みが邪魔《じゃま》となりポータブルトイレに近づけないことで、深く腰かけられません。浅座りの介助だと、皮膚《ひふ》がただれる危険があります。

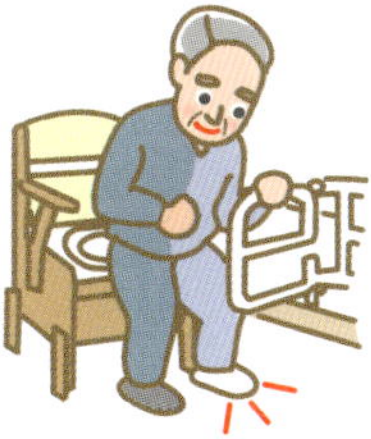

× 身体面 介護職が利用者を支え、ズボンを下ろすように声をかける

手の巧緻性《こうちせい》が低下した利用者には困難な動作です。無理にやろうとすればバランスが崩《くず》れ、転倒の危険が高まります。

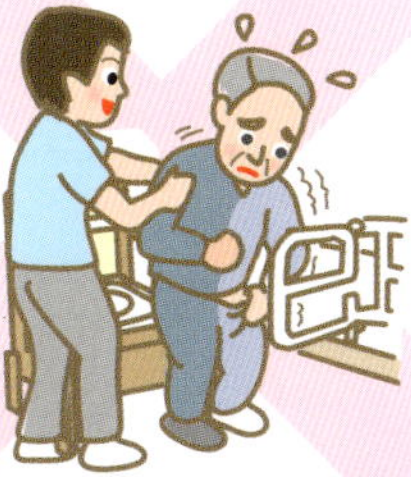

1 手引き歩行

❶ 利用者と向き合います。

❷ 利用者の肘《ひじ》と手の関節を下から支え、利用者と介護職の腕が1本になるように組みます。

❸ 利用者の体重移動と歩幅に介護職が合わせます。利用者の右足が前に出たとき、介護職は左足を後ろに引きます。

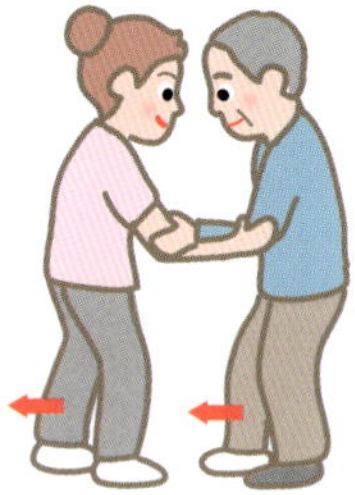

❹ 顔を上げて歩くように声をかけます。

×身体面 介護職が手を引き、前に出させようとする

顎《あご》が上がるだけで、足が出ません。そのため、前に倒れるように転ぶ危険があります。

×身体面 介護職の歩幅が広い

介護職の腕に利用者が寄りかかり、体重がかかって危険です。

×身体面 足もとを見るように利用者に声かけする

利用者は足を出すことに集中し、周囲に注意を向けることができなくなります。

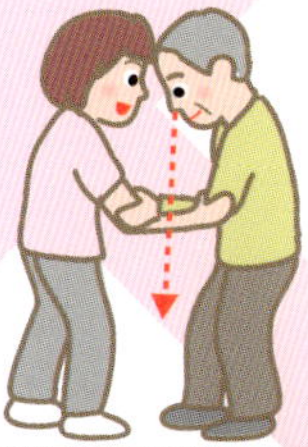

2 片麻痺

❶ 介護職は利用者の麻《ま》痺《ひ》側《そく》に立ち、麻痺側の上腕部の太い部分を手で支えます。

❷ 顔を上げて背筋を伸ばして歩くように利用者に声かけします。

❸ 介護職は利用者の半歩後ろを歩き、歩行状態を観察します。麻痺側のバランスが崩《くず》れないように見守ります。

❹ 左右の体重移動に合わせて、健側《けんそく》の足が前に出るときは、麻痺側に体重が乗るように支えます。

×身体面 介護職が利用者の腕を抱え、腕を組むように歩く

介護職の体重が利用者にかかるため、利用者に負担がかかります。

×身体面 ×倫理面 利用者のズボンをつかむ

股関節《こかんせつ》が圧迫されるので、下肢《かし》の動きが制限されます。ズボンを持って介助すると、介護職にとっても手の力だけで利用者の身体を動かそうとする無理な力が働くため、肩や腕を痛めます。また利用者がバランスを崩したときの対応が遅れます。加えて、利用者の尊厳《そんげん》を傷つけることにもなります。

3 パーキンソン病

❶ 利用者がリラックスして歩けるような楽な姿勢を選択してもらいます（両手引き・片手引き）。

両手引き　　片手引き

❷ 歩こうとして前のめりになったときは、前から身体を軽く押して、利用者のかかとに体重を戻すと、歩きやすくなります。

❸ すくみ足がみられる場合は、遠くを見るように声かけをしたり、「おなかがテーブルにつくまで」など、具体的な指示を出します。

❹「いち、に」などと声をかけながら、一定のリズムをつくったり、やさしくリズムをとるように身体を軽くタッピングすると歩きやすいです。

身体面 足を無理に出させようと手を強く引く

利用者の手を強く引くと、利用者の体重がかかり、介護職はバランスを崩《くず》してしまいます。

身体面 利用者を後ろから抱きかかえるように介助する

足が前に出ないため、前のめりになり、倒れる危険があります。

平地・曲がり角

❶ 利用者の真後ろに立ち、左右のグリップを握り、キャスタをまっすぐにします。

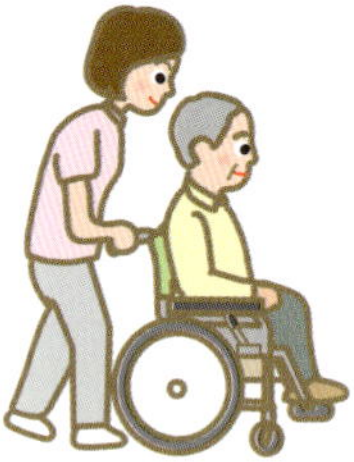

❷ ブレーキを外すことを利用者に伝えブレーキを解除し、利用者の頭上や顔の横から進行方向の安全を確認しながら進みます。

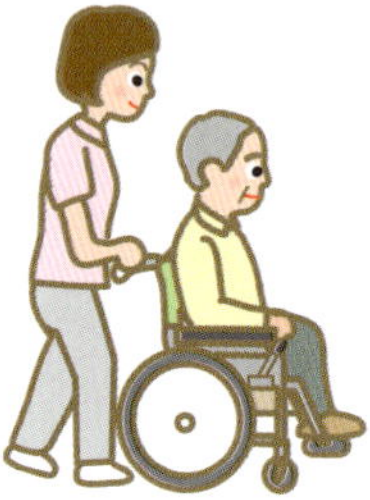

❸ 歩幅を大きくとり、通常の歩行スピードの3分の1程度の速さで進めます。

❹ 介護職は肘《ひじ》を軽く曲げ、背筋を伸ばし、脇《わき》を締めて、力を入れすぎないように押します。

曲がり角の対応

❶ 右に曲がるときは、右のグリップを軽く引き、左のグリップを前に押し出します。

右折

❷ 左に曲がるときは、左のグリップを軽く引き、右のグリップを前に押し出します。

左折

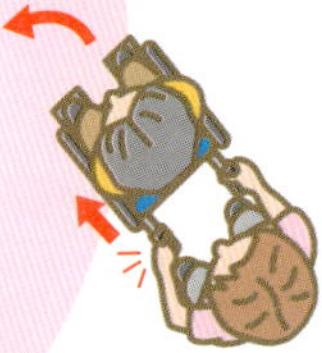

×身体面　車いすにもたれかかるように、中腰で押す

介護職の肩や腰に負担がかかり、腰痛の原因にもなります。

×身体面　×安全面　勢いをつけて、車いす全体で曲がる

利用者に遠心力が加わることで振り回され、めまい、ふらつき、気分不快などが懸念《けねん》されます。

また、歩行者にぶつかる危険もあります。

×安全面　曲がり角に車いすを近づけすぎる

フットサポート（利用者のつま先）が曲がり角の壁にぶつかる危険があります。

2 坂道

上り坂

❶ 介護職は利用者の乗った車いすに近づきます。

❷ 車いすを前に押し出すように上ります。

※後ろに利用者の体重がかかってくるので、車いすとの距離が開きすぎると重さが大きくなるので注意します。介護職の腹部でバックサポートを支えると車いすが安定し、利用者も安心します。

下り坂

❶ 後ろ向きで下ります。
介護職は後方を確認するために、振り向きながら下ります。

❷ 車いすから離れずに、足を大きく開いてゆっくり下ります。利用者の体重が後方にかかりスピードが出るので、1歩ずつ下りながら、利用者の体重を支えます。

※キャリパーブレーキ（グリップのところにあるブレーキ）がついている場合は、左右均等にブレーキをかけながら下ります。声かけしながら進むことで、利用者に安心感が生まれます。

身体面 精神面 上り坂 介護職の肘《ひじ》が伸びて、車いすとの距離が開きすぎる

肘が伸びた状態だと、車いすを支える大きな力が必要となり、介護職の肩や背中、腰に負担がかかります。また、後ろに体重がかかり、車いすが後方や左右に揺れるため、利用者は不安を感じます。

安全面 下り坂 前向きで下りる

前向きで下りると、利用者が前方に放り出されてしまいます。必ず後ろ向きで下りるようにしましょう。

3 段差（上り）

❶ 車いすを段差の正面に対してまっすぐ配置します。

❷ キャスタが段差にあたったら、利用者に**足もとが上がることを伝えます。**ティッピングレバーを踏み込み、蹴《け》り出《だ》すようにしながらグリップを下に押し、キャスタを上げます。介護職は軽く腰を落とし、膝《ひざ》を曲げます。

❸ 介護職はグリップを自分の臍《へそ》に引き寄せ、バックサポートを腹部で支えながらゆっくり進みます。

❹ 段差に駆動輪があたったら、**キャスタを段差に上げ、ゆっくりと下ろします。**介護職は、体重を前にかけながらキャスタを下ろします。

❺ 段差に駆動輪をあてたまま、グリップを持ち上げて駆動輪を段差に上げます。

安全面 × 利用者に「上がりますよ」とあいまいな声かけをする

段差を上がると思っていたら車いすが上がったために驚き、アームサポートを強く握るため、大きな力が加わります。

精神面 × キャスタを段差にあてながら進む

あてた際の振動が利用者に伝わります。また、車いすが固定できないため、揺れることが予想されます。

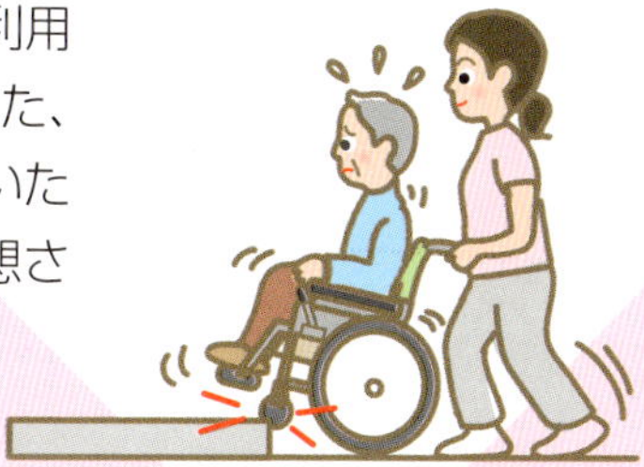

4 段差（下り）

❶ **後ろ向きで下ります。** 介護職は、車いすを段差の正面にまっすぐ配置します。

❷ **段差に駆動輪を押しつけながら、** グリップを持ち上げ、静かに駆動輪を下ろします。介護職はバックサポートに大腿部《だいたいぶ》（四頭筋）をあて、車いすを支えます。

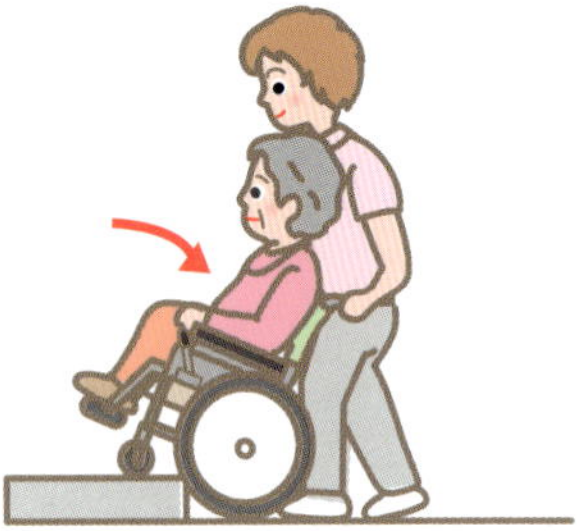

❸ 駆動輪が下りたら、キャスタを段差手前まで引き寄せ、ティッピングレバーを踏み込んで蹴《け》り出《だ》すようにしながらグリップを下に押し、キャスタを上げて段差を下ります。

❹ 利用者のつま先が段差にぶつからないところまで引き、再びティッピングレバーに足をかけながらグリップを下に押し、キャスタを下ろします。

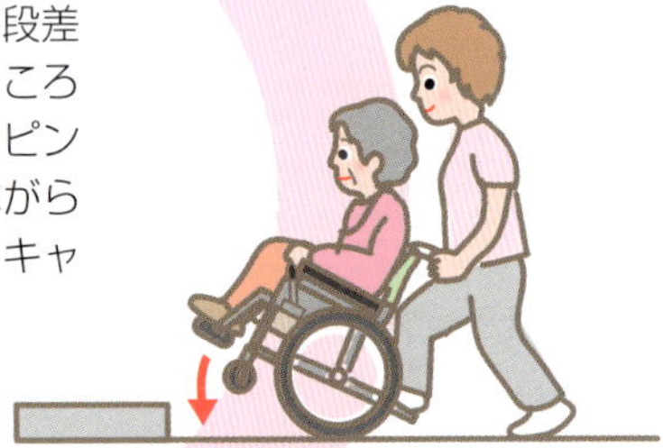

×身体面　前向きで下ろす

利用者が前のめりになり、バランスを崩《くず》して転倒・転落の危険が高まります。

×心理面　段差から駆動輪を離して、駆動輪を上げようとする

軸がないので車いすが固定されず、車いすが大きく揺れます。利用者は恐怖感でアームサポートを力いっぱい握ったり、腰を上げて下りようとします。その結果バランスを崩し、車いすが段差から落ちて利用者の身体に負荷がかかります。

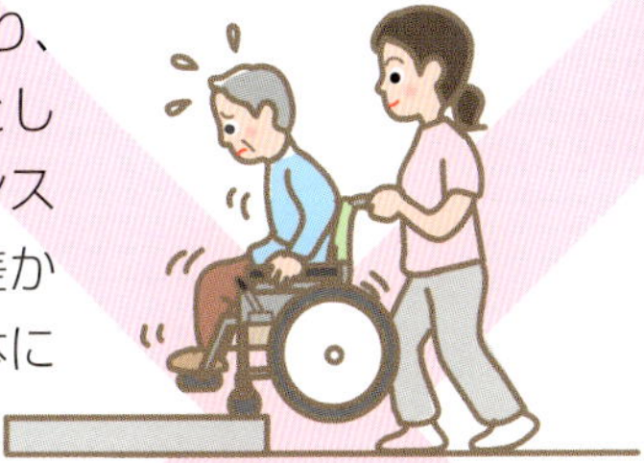

5 溝

❶ 溝の手前で止まり、利用者に声をかけます。

❷ ティッピングレバーを踏み込み、蹴《け》り出《だ》すようにしながらグリップを下に押し、キャスタを上げて車いすを押し、キャスタを溝の反対側に下ろします。

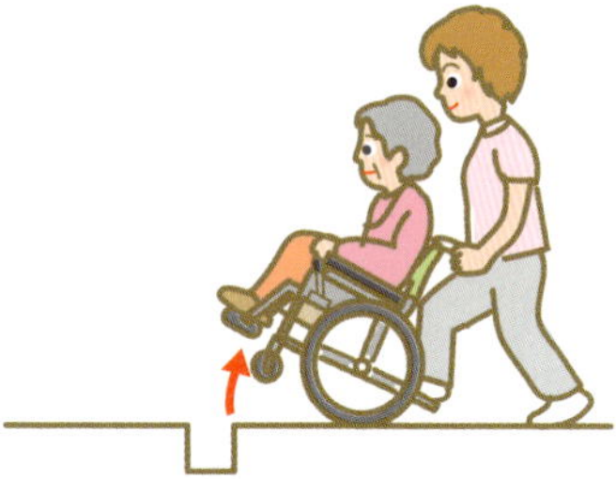

❸ ハンドグリップを持ち上げて、後輪を通過させます。

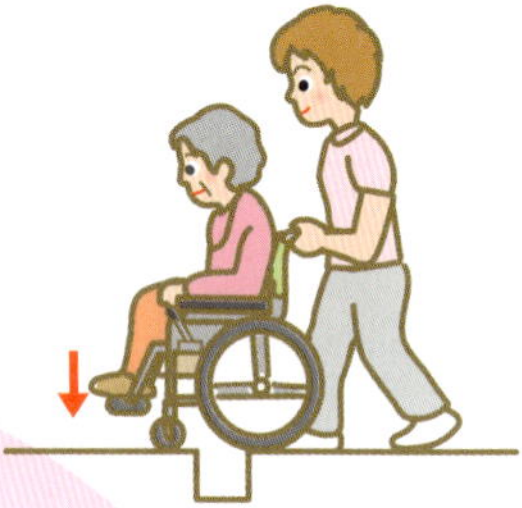

❹ グリップを軽く持ち上げ、後輪を浮かして溝を越えた地点で後輪を下ろします。

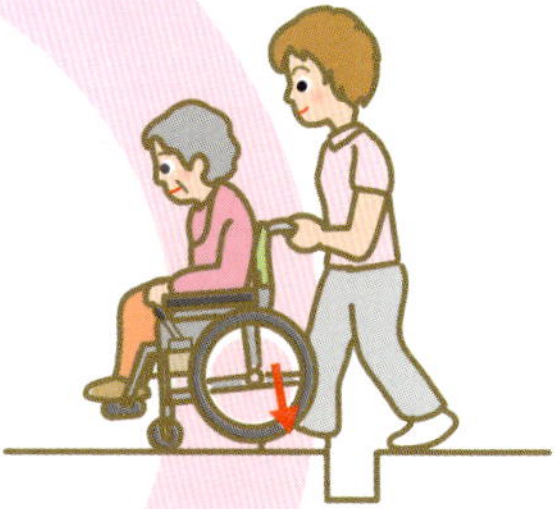

× 身体面 溝の幅が狭《せま》いからと、平地と同じ操作をする

たとえ幅が狭くてもキャスタが溝に落ちると、利用者の臀部《でんぶ》や背中、膝《ひざ》への衝撃が大きく、危険です。

× 身体面 グレーチング上をまっすぐに通過する

格子穴にキャスタが落ちてしまいます。利用者の臀部や背中、膝への衝撃が大きいです。

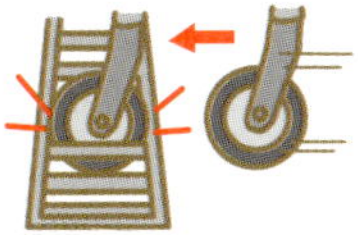

6 悪路

砂利道や砂場

1 キャスタを上げ、バランスをとりながらゆっくりと走行します。キャスタを上げる際は利用者に声かけをし、急に身体を動かさないようにお願いします。

2 舗《ほ》装《そう》された道に戻ったら、キャスタを下げて通常の走行に戻します。

道路の傾斜

1 車道・歩道は降雨等の水はけをよくするため、かまぼこ状に傾斜があります。傾斜の下り側にグリップがとられないよう、下り側のグリップを強めに押します。

2 傾斜側が変わったら、そのつどグリップを押す力のバランスをとります。

身体面 × 砂などにキャスタがはまっても、無理に動かそうとする

砂利や草、砂などにキャスタがとられると、操作ができません。無理に動かそうとすると、車いすが左右前後に揺れて、利用者に振動を与えることになり危険です。

安全面 × 傾斜地でグリップを握る力に強弱をつけない

傾斜にグリップがとられて車いすが大きく傾くと、利用者の座位のバランスが崩《くず》れます。その結果、介護職のバランスが崩れることにもつながります。

7 エレベーター

❶ 出入りでは、キャスタがドアにはさまる危険を回避するために、**正面から進みます。**方向転換できない狭《せま》いエレベーターの場合は、後ろ向きで進みます。

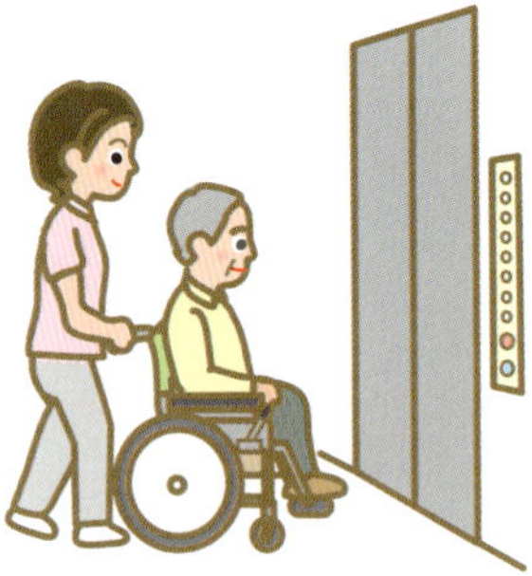

❷ 乗車中の人がいれば声をかけて、ドアの開閉ボタンの操作の協力をお願いします。

❸ 乗降口の溝穴が広いエレベーターでは、キャスタを上げて乗降します。乗降口の溝穴が狭い場合は、キャスタがまっすぐになっていることを確認して乗降します。

❹ エレベーターに入ったら、**ブレーキをかけます。**

※一般用と身障者用マークのついているエレベーターが2基並んでいる場合は、ドアの開閉時間が長いので身障者用を使用します。

安全面 出入り時、キャスタを上げない・キャスタがまっすぐに向いていない

キャスタが溝穴にはまり、動けなくなる危険があります。

安全面 エレベーター内でブレーキをかけない

エレベーターの揺れによって車いすが移動し、利用者がバランスを崩《くず》したり、同乗者にあたってけがをすることにつながります。

8 起立性低血圧への対応

❶ 車いすに移乗する前に顔色不良・頭重感・めまい・吐《は》き気《け》・目のかすみなどがみられたら、即座に臥《が》床《しょう》し、脈を確認します。

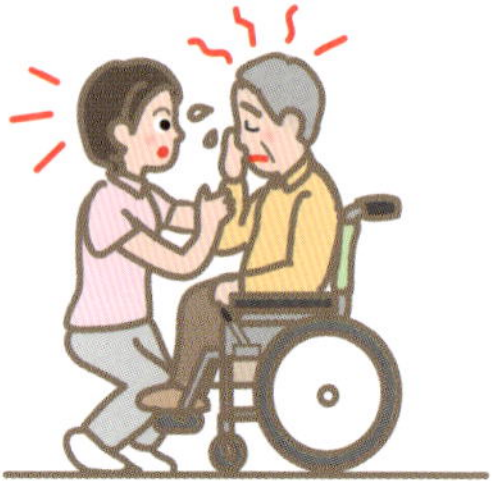

❷ 移乗後に症状がみられた場合は、すぐに臥床します。臥床できない場合は、次の方法をとります。

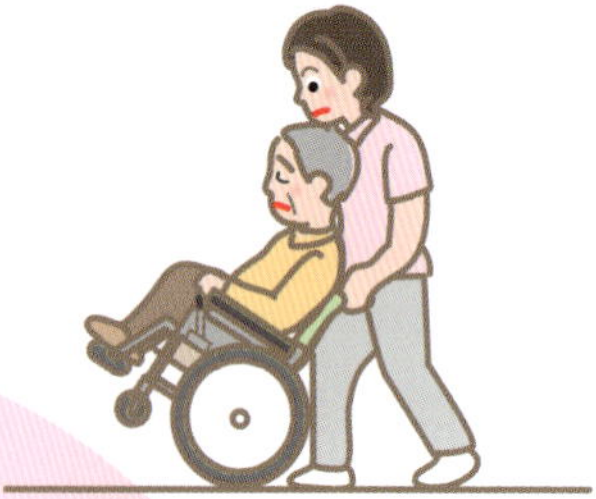

・車いすのキャスタを上げ、グリップをしっかり握り、バックサポートを大腿《だいたい》部《ぶ》にあてて車いすを安定させます。

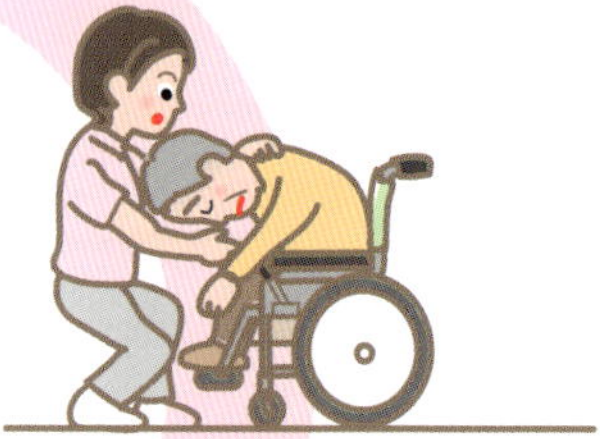

・利用者に頭部を下げるように声をかけます。

❸ その後、医療職へ報告し、適切な対応をとります。

✕ 安全面 利用者の頭を下げずにキャスタを上げる

頸《けい》部《ぶ》後屈《こうくつ》姿勢《しせい》となるので、唾液《だえき》などを誤嚥《ごえん》する危険があります。

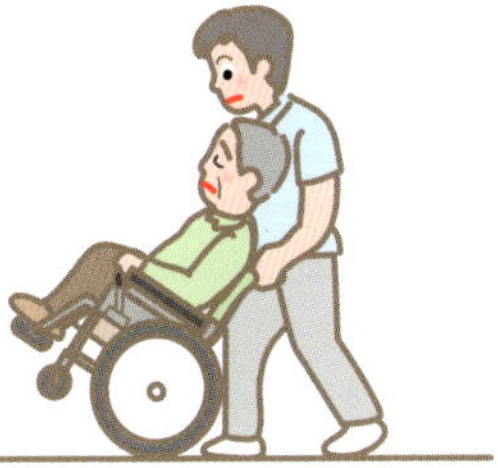

✕ 身体面 利用者の足をフットサポートから下ろす

姿勢が苦しく、座位が不安定になります。また、利用者の身体が車いすからずり落ちる可能性があります。フットサポートから足を下ろす場合は、足台を用意しましょう。

1 平地

　杖《つえ》は健側《けんそく》の足の小指の前、外側 15 ～ 20cm につきます。利用者の肘 関節《ちゅうかんせつ》が 30 度程度に曲がっていることを確認します。

３動作歩行

杖→麻痺側《まひそく》の足→健側の足

❶ 介護職は利用者の麻痺側に半歩下がって立ち、腰を支えます。

❷ ゆっくりと歩くように声をかけます。その際、顔を上げて前を見るように声をかけます。

❸ 利用者の歩き方（杖に体重がかかり過ぎない左右の体重移動、足の運び）、杖の出し方、表情、呼吸、疲労度などを観察します。

２動作歩行

杖と麻痺側の足→健側の足

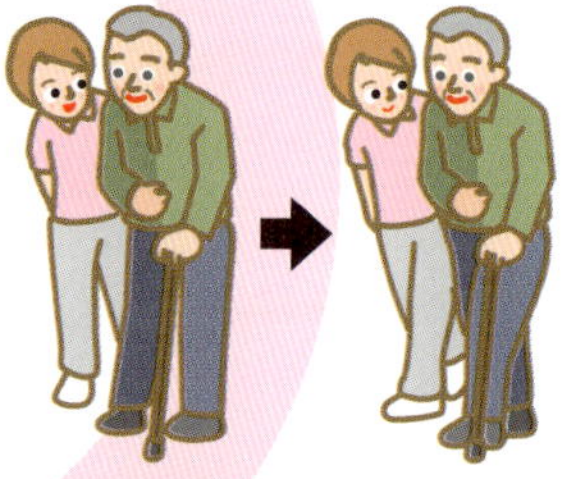

×身体面 利用者の麻痺側にぴったり寄り添って歩く

左右の体重移動がしにくいため、足が前に出ません。麻痺側を介護職がつかんでいるので、利用者自身がバランスをとる妨《さまた》げになります。

×安全面 ×倫理面 利用者を支えるときに、ズボンをつまみ上げる

ズボンが股《また》に食い込むと利用者の動きを妨げることになります。これは移動の制限として、身体拘束に該当しかねません。

2 段差越え・溝越え

段差越え

❶ 介護職は利用者の麻《ま》痺《ひ》側《そく》後《こう》方《ほう》に立ちます。

❷ 介護職の片手は、利用者の麻痺側の上《じょう》腕《わん》から手のひらにかけた筋肉、関節を支え、もう一方の手で腰を支えます（腰に手を添える）。

❸ 利用者は段差の向こう側に杖《つえ》をついてもらい、麻痺側の足を出して段差を越えます。介護職は、利用者側ではない足を出し、段差を越えます。

❹ 利用者は、杖と健側《けんそく》の足に体重を移動させ、健側の足を出して、段差をまたぎ、両足をそろえます。介護職は利用者の立位バランスを確認し、姿勢を整えます。

溝越え

溝の周囲にあるグレーチングや線路などのレールは滑りやすいので、エンドキャップがあたらないように、杖をつく位置を確認します。利用者がまたぐことのできる幅の溝であるかどうかを判断します。

× 安全面　段差越え　介護職が先に段差を越える

足を上げて段差を越えるため、一方の足に体重が移動し、利用者の安全の確保ができません。

× 安全面　段差越え　段差の上に杖をつく

段差を越えにくいです。また、段差を越えた後、利用者の身体の後ろに杖をつく形になるため、立位バランスを崩《くず》して転倒の危険があります。

× 安全面　溝越え　溝ぎりぎりに杖をつく

越える際にバランスを崩し、杖が後方に倒れたときに、エンドキャップが滑って溝に落ちる危険があります。

3 階段（上り）

❶ 利用者には、健側《けんそく》に杖《つえ》を持ってもらいます。介護職は利用者の麻《ま》痺《ひ》側《そく》に立ち、片手で腰、もう一方の手で麻痺側の上腕《じょうわん》から手のひらの筋肉と関節を支えます。

❷ 利用者の転倒予防に留意し、利用者側でない足を1段上に置き、片足を1段下げた位置に立ちます。

❸ 杖を1段上につき、次に利用者の健側の足で1段上に上がります。

❹ 体重を上段に移しながら、麻痺側の足を出し、両足をそろえます。

❺ 介護職は利用者側の足を上げ、同じ段に上がります。

安全面 利用者の麻痺側を抱えるように、介護職が真横にぴったりと立つ

バランスをとりにくく、転倒の危険があります。

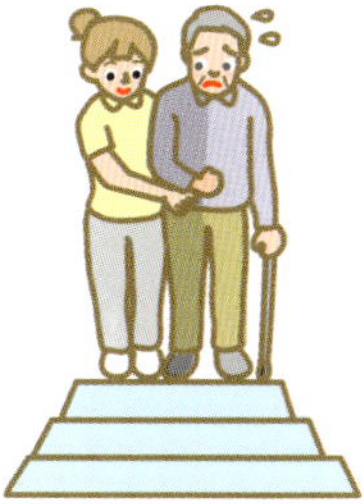

安全面 利用者と一緒に上る

利用者がよろけるなど危険なときに、利用者を支えることができません。

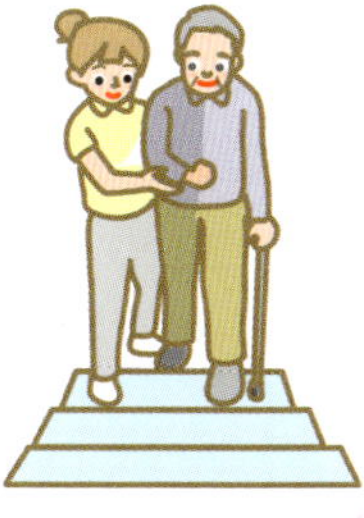

倫理面 安全面 麻痺側の足を1段上げる際に、ズボンをつかんで引っ張り上げる

利用者の尊厳《そんげん》を傷つけるだけでなく、転倒の危険があります。

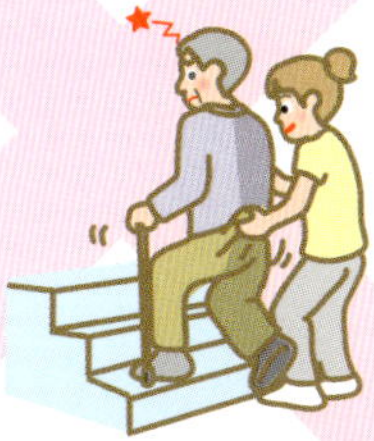

4 階段（下り）

① 介護職は利用者の麻《ま》痺《ひ》側《そく》に立ち、片手で上腕《じょうわん》から手のひらの筋肉、関節を支え、もう一方の手で腰を支えます。

② 介護職は、利用者と反対側の足を1段下ろし、転倒しないように利用者を支えます。

③ 利用者は杖《つえ》を1段下ろし、次に麻痺側の足を1段下ろします。さらに健側《けんそく》の足を下ろし、両足をそろえます。

④ 介護職は利用者側の足を下ろします。

×安全面　健側の足から下りる

利用者自身が自分の健側の足にかかる体重を支えることができません。たとえ介護職が介助していても、平地と異なり足場が不安定ゆえ、支えきれるのか困難な可能性もあります。杖から下りるようにお願いしましょう。

×安全面　介護職が利用者と一緒に下りる

利用者がよろけるなど、危険なときに支えることができません。

1 短距離歩行が可能な場合

①助手席のドアを最大限に開き、車のボディぎりぎりのところで助手席に対して車いすを斜め15～20度になるように停めます。

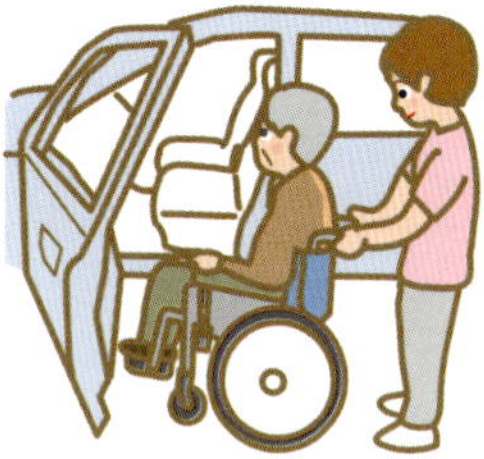

②介護職は、ドアが車体側に戻らないよう、ドア側に立ちます。利用者は健側《けんそく》の足を車内に乗せ、臀部《でんぶ》を座席に乗せます。臀部が上がりにくい際は、利用者に声をかけて(断って)から下から支えます。

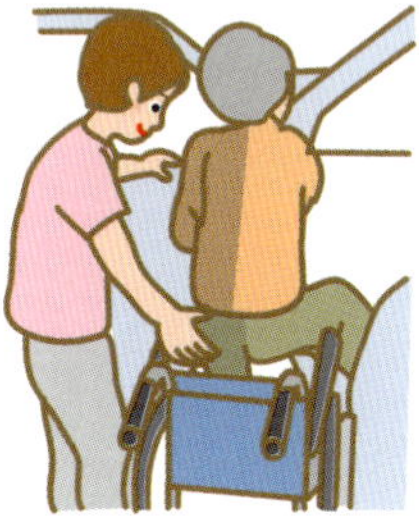

③片麻痺《かたまひ》がある場合、麻痺側の腰を浮かせ、車いすから立ち上がった後、やや後ろを向くように、臀部から座席に移ります。

④車の座面高が低いときは、車のシートに移った後、車いすで使っているマットをお尻《しり》の下に入れます。

安全面 ドアを中途半端に開ける

利用者がドアにつかまったときに動いてしまい、立位バランスが崩《くず》れます。

安全面 介護職が車側に立つ

利用者がドアの一部を持つなどした際、ドアが車側に戻って、利用者の身体にぶつかってしまいます。

ベッドから車いす

① 利用者には、ベッド上で端座位《たんざい》になってもらいます。このとき、少しお尻《しり》を前に出して浅座りするとよいです。

② スライディングボードを利用者の横に置いて、利用者の斜め前に立ちます。利用者の身体に深く手を入れて、肩甲骨《けんこうこつ》の下を手のひら全体で覆《おお》い、前腕《ぜんわん》で利用者を支えて身体側方に傾け、さらに前方に傾けます。

③ スライディングボードを差し込みます。臀部《でんぶ》の圧がかかっている部分の3分の1程度入れればよいです。

④ 利用者に車いすのアームサポートを握ってもらいます。その際、車いすが動かないようにブレーキをかけ、フットサポートを上げておきます。足がからまることを予防するために、車いす側の足を少し前に出します。

⑤ 介護職は利用者のお尻に深く手を入れて、肩甲骨の下を手のひら全体で覆います。前腕で利用者を支えながら、車いす側に利用者を傾けます。

⑥ 反対側の手のひらで骨盤《こつばん》を押して、スライディングボードの上を滑らせます。

⑦ 利用者の身体を起こし、スライディングボードを抜きます。身体が傾くので、座位を安定させるために肩などをやさしく支えます。

身体面 ベッドの真ん中に深く腰かける

スライディングボードが車いすに届きません。

身体面 押さえつけるように利用者の肩を支える

左右の体重移動がしにくく、臀部が上げられないため、スライディングボードがしっかり入りません。

身体面 勢いで投げ出すように滑らせる

利用者はバランスを崩《くず》してしまいます。体勢を戻そうとして力が加わり、移乗の途中で止まってしまいます。

3部

生活場面における介助の

○と×

1 姿勢①いす

❶ 股関節《こかんせつ》と膝関節《しつかんせつ》は90度程度に曲げ、足底を床にしっかりとつけます。

❷ お尻《しり》と背もたれに隙間《すきま》ができないように、深く腰かけます。

❸ 軽く顎《あご》を引きます。

❹ 肘《ひじ》は、テーブルに載せたときに軽く曲がる程度にします。

車いす

❶ フットサポートから足を下ろし、足底を床にしっかりつけます。かかとまでしっかりついていることで、咀嚼力《そしゃくりょく》が高まります。つかない場合は足台を用意します。

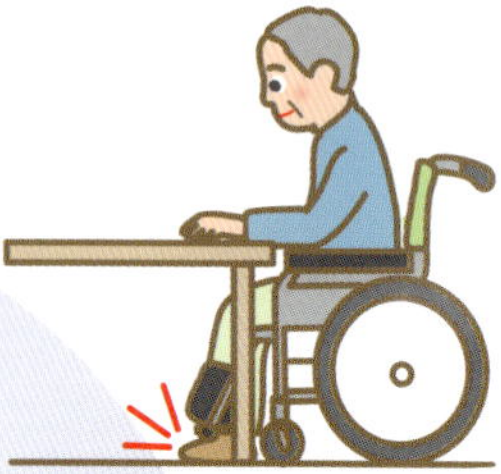

❷ 車いす用のクッションを使用します。車いすの座面は座位安定を図るために後傾しているので、食事の前傾姿勢をとろうとすると円背《えんぱい》になりやすいので注意が必要です。

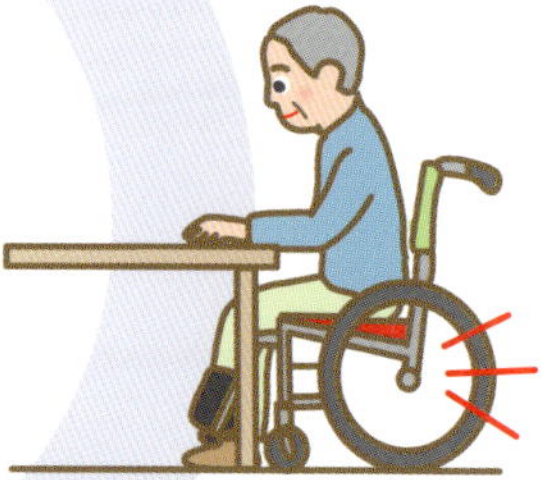

身体面 テーブルと身体の距離が開きすぎている

必然的に円背となり、身体に負担がかかります。また、肘が伸びた状態になると、器を持つ手にも力が入りません。

身体面 腕が不自然に上がっている

肩の位置が高いと、腕が不自然に上がってしまいます。テーブルといすの高さを調整します。

医療面 背中が曲がり、顎が上がっている

顎が上がることで誤《ご》嚥《えん》の可能性が高まります。

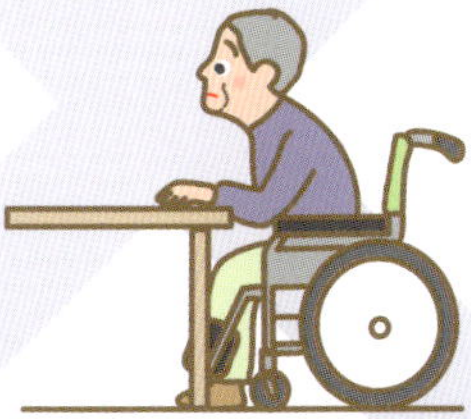

姿勢②ベッド上

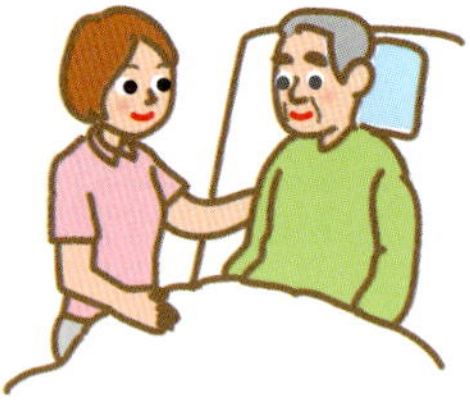

① 介護職は利用者のみぞおちから腹部あたりに、利用者と目線が合うように正面に座ります。

② 食物が気管に入る（誤嚥《ごえん》）のを防ぐため、頸部《けいぶ》前屈《ぜんくつ》姿勢《しせい》をとります。

※食事時、頸部が後屈してしまう人は、前屈方向へ修正するのではなく、頸部後屈したままで介護職の前腕《ぜんわん》などで頭部を支えます。

③ オーバーテーブルを使用して、利用者に食膳《しょくぜん》が見えるように置きます（利用者に向けて配膳《はいぜん》）。次に、メニューの説明をします。

④ 介護職は座高の高いいすに腰かけて、背筋を伸ばして座って介助します。

医療面 麻痺側《まひそく》を下にして側臥位《そくがい》をとる

　麻痺側を長時間下にすると、血液循環が悪くなります。また、食べ物が食道を通りにくく、飲み込みにくいためむせやすくなります。

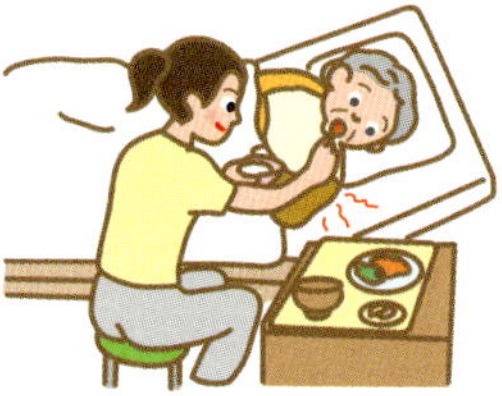

倫理面 利用者の顔の横に床頭台《しょうとうだい》を置き、食膳は床頭台の上に置く

　食膳が見えないため、利用者は食べたいものの意思表示ができません。

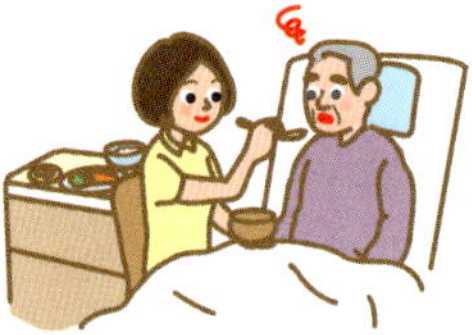

医療面 **倫理面** 介護職が立って介助する

　食べようとするとき、頸部後傾となり誤嚥しやすくなります。食べ物は下から口に運ぶようにします。また、介護職の目線が上なので、利用者は威圧感《いあつかん》を感じることになります。

配膳・下膳

配膳

① お膳《ぜん》は両手で持ち、ていねいに利用者の健側《けんそく》から差し入れ、正面に置きます。

② 施設などでは、お膳の食札を確認し、禁《きん》忌《き》食《しょく》や食事形態等の確認と、名前の確認を毎食行います。食席で利用者の名前を呼び、お膳を置きます。

下膳

① 下膳《さげぜん》の際は利用者に食事が終わっていることを声かけして確認します。お皿に残っているものは再度声かけ（「食べませんか」など）をして促します。

② 摂取量の確認はもちろん、口腔内《こうくうない》の状態を確認します。さらに、食後のお茶、食後の薬の確認をします。

倫理面 「右《みぎ》麻《ま》痺《ひ》の利用者だから」と、配膳《はいぜん》時《じ》に箸《はし》等を左側に置く

利用者の尊厳《そんげん》を守るためには、正式な配膳の状態でテーブルをセットし、本人に確認しながら食器の位置を換えていくことが必要です。

倫理面 食事を手でつかむ利用者には配膳しない

食事においても、利用者の意思を尊重することは大切です。食べ遊びがあっても、手で食べてしまう人であっても、配膳せず、一品ずつお皿だけ置くことは、食べる楽しみを奪《うば》いかねません。周囲への配慮《はいりょ》をしつつ、利用者本人の食事を支援することを忘れないようにしましょう。

4 片麻痺のある人

1 利用者の姿勢を整え、利用者の手を拭《ふ》きます。

2 介護職は利用者の健《けん》側《そく》横《よこ》やや後方に座ります。

3 まずはお茶を勧め、利用者の健側を使って食事してもらいますが、食器を持ったり食器の位置を移動するときは介助します。

4 利用者の摂食動作や姿勢、咀《そ》嚼《しゃく》・嚥《えん》下《げ》の状態を観察し、疲れがみえてきたら、本人に確認して介助します。

5 介助の際は、利用者の健側口角から中央に食べ物を運ぶように、箸《はし》やスプーンを使います。利用者が飲み込んだのを確認してから、味やかたさを確認しましょう。

×　心理面　利用者の正面や真横に座る

正面は利用者に威圧感《いあつかん》を与え、真横に座ると健側が使いにくくなるので注意が必要です。

×　身体面　利用者の口を無理にこじ開ける

利用者は何らかの理由があって口を開かないのかもしれません。まずは口を開かない理由をアセスメントしてみましょう。

×　医療面　食べ物が口腔内《こうくうない》にあるのに話しかける

利用者の咀嚼中に話しかけると、誤嚥《ごえん》の危険があります。咀嚼中は利用者をよく観察しましょう。

1 個別浴槽での介助①　身体を洗う

① 利用者がシャワーチェアに腰かけたら、陰部《いんぶ》にタオルをかけます。

② シャワーの湯温を介護職・利用者双方の前腕《ぜんわん》で確認した後、健側《けんそく》の足もとからお湯をかけます。湯をかける際は、利用者の身体に直接シャワーのお湯がかからないよう、介護職の手を添えます。

③ 身体を洗うときは、利用者の患側《かんそく》の横に立ちます。自分で洗えるところはタオルを渡して洗ってもらい、介護職は利用者の姿勢が崩《くず》れないように支えます。

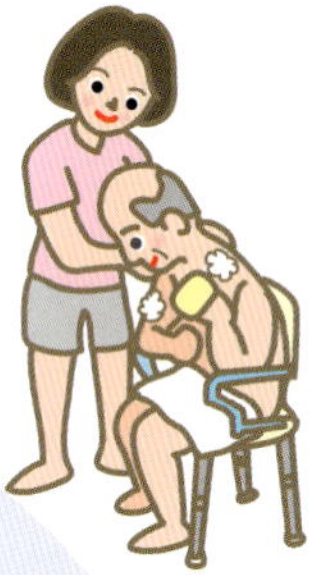

④ 陰部やお尻《しり》を洗うときは、利用者には手すりにつかまって腰を上げてもらいます。介護職は後ろから介助します。

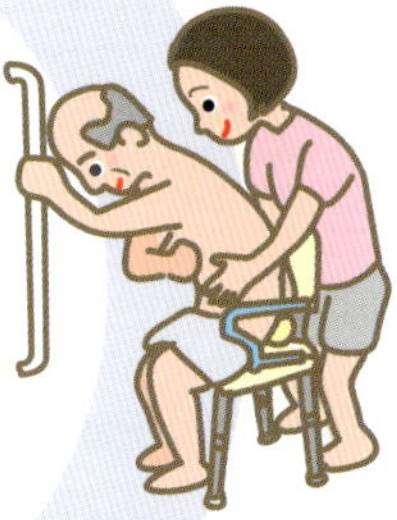

安全面 × 介護職が利用者のそばを離れる

浴室は転倒が多い場所です。利用者が１人きりにならないよう、必要な物品は事前に用意しておきます。

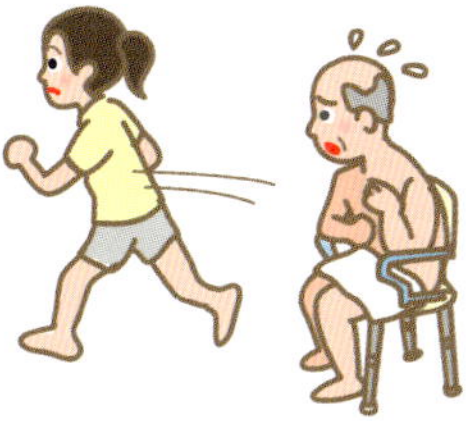

衛生面 × シャワーチェアに座ったままで陰部やお尻を洗う

いすに座ったままでは細部まで洗えず、不衛生です。

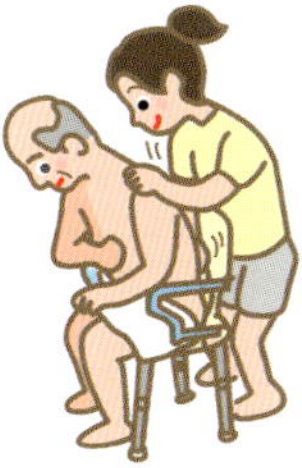

安全面 × 身体を洗うとき、利用者の身体をつかんで持ち上げる

利用者の関節に無理な力がかかり、脱《だっ》臼《きゅう》などの危険があります。

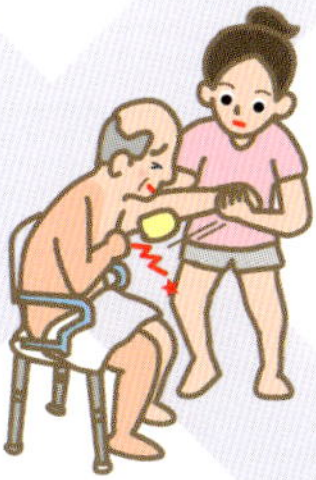

2

個別浴槽での介助②浴槽に入る

①浴槽《よくそう》と同じ高さの台（2人腰かけられる幅があるもの）を設置し、座位移乗で浴槽に入ります。

②浴槽側が利用者の健側《けんそく》になり、患側《かんそく》に介護職が座ります。利用者の足底がしっかりと床についていることを確認します。健側の足先から大腿部《だいたいぶ》へとお湯をかけ、利用者に湯温を確認してもらいます。

③利用者の健側の手で浴槽の縁《ふち》を握《にぎ》ってもらいます。縁を自分に引き寄せるようにつかみ、前屈《まえかが》みになりながら腰を浮かせます。

④介護職は利用者の骨盤《こつばん》を支え、介護職の大腿部と利用者の患側の大腿部を密着させ、患側を健側に沿わせるように、2人で浴槽に横移動します。

⑤利用者に健側の手で手すりをつかんでもらい、健側の足を湯船に入れます。介護職は利用者の背部を支えます。次に利用者の患側の足関節の上部からふくらはぎを下から支え、湯船に入れます。

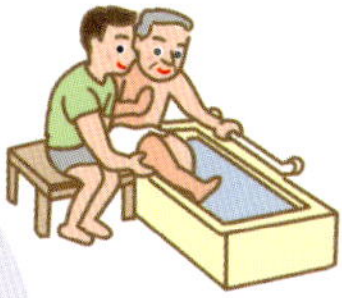

⑥利用者の足底が浴槽の床についていることを確認し、手すりを握った手を前方に移動させ、健側に力を入れて腰を浮かせます。前屈みのまま、浴槽の角に背中を当てるようにしながら身体を湯船につけます。

安全面×　利用者を浴槽の縁に腰かけさせる

　利用者のお尻《しり》がしっかりと乗る幅がないと、ずり落ちる原因になります。十分な幅のある台を利用しましょう。

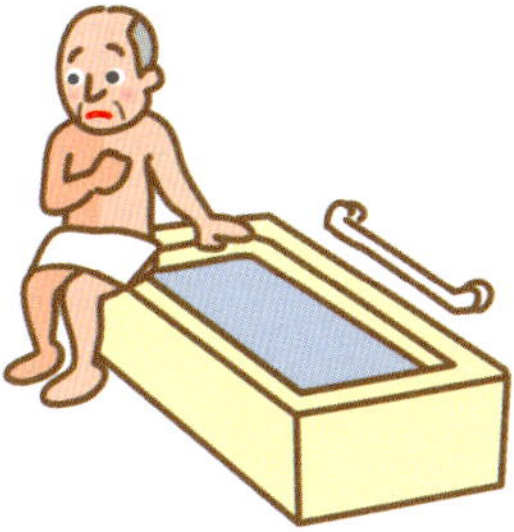

安全面×　湯船に入る際、浴槽の角に身体をもたせかけない

　患側の足では身体を支えることが十分にできないため、身体の面積が大きく重い背中からお尻の部分を浴槽の角にもたせかけることで、負荷を減らします。

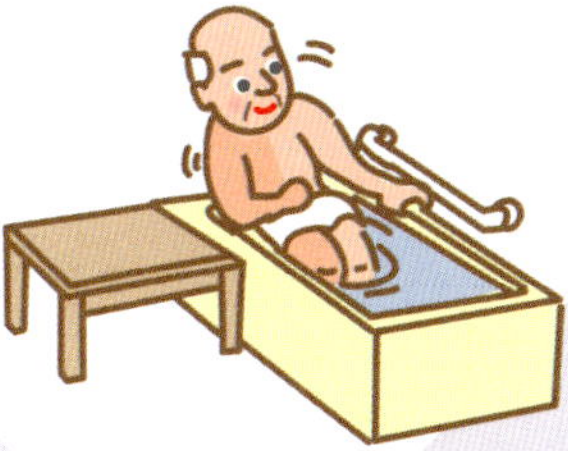

3 個別浴槽での介助③ 浴槽から出る

① 利用者は手すりにつかまり、健側《けんそく》の膝《ひざ》を曲げ、足をお尻《しり》の近くまでできるだけ引きます。

② 次に手すりの遠くを持ち、前屈《まえかが》みになります。健側の足に力が入り、自然とお尻が浮いてくるので、そのまま立ち上がります。介護職は浮いてきた骨盤《こつばん》を支え、浴《よく》槽《そう》の角にお尻を引き寄せるようにしながら、浴槽台に誘導します。

③ 健側の足が浴槽の床についていること、お尻が浴槽台に乗っていることを確認し、患側《かんそく》の足を浴槽から出します。介護職は利用者が倒れないように背中を支え、膝の裏からふくらはぎを下から支えます。

④ 利用者には、手すりにつかまりながら健側の足を出してもらいます。介護職は、利用者がバランスを崩《くず》さないよう、両肩を後ろまたは横から支え、患側に体重を移動させながら、健側の足が出しやすいように介助します。

×　身体面　介護職が正面に立つ

　利用者が健側の足や手を前に出す際に邪魔《じゃま》になります。介護職は患側に立ち、保護・介助しながら、健側の動きを観察します。健側には、利用者が自由に動くことができるスペースを十分にとりましょう。

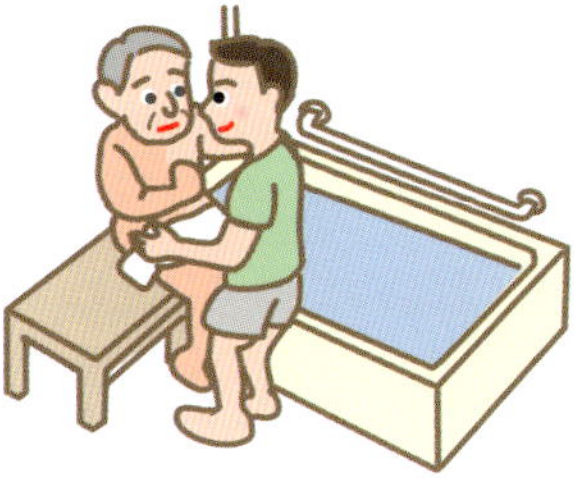

×　安全面　利用者が浴槽内にいる最中に片づけを始める

　利用者から目を離していると、とっさの対応ができません。また、利用者も落ち着かず、ゆっくりと入浴できないでしょう。

4 リフト浴槽での介助

❶リフトチェアは、利用者が座る前にシャワー等で温めておきます。

❷リフトチェアに移乗したら、座位姿勢を確認し、陰部《いんぶ》にタオルをかけます。その後、利用者に断ってからベルトを止めます。

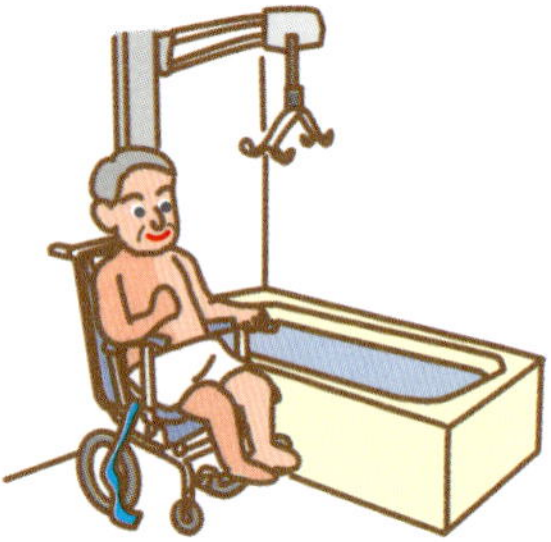

❸湯は足もとから、介護職の手を介して静かにかけていきます。浴槽《よくそう》に移る際には説明をして、利用者の了解を得てから行います。

❹リフトが上下する際には、必ず利用者の患側《かんそく》を支えます（介護職は患側に立ちます）。リモコンや操作ボタンの操作中も利用者から手と目を離さないようにしましょう。

❺浴槽に入る際には、健側《けんそく》の足もとに湯をかけて湯温を確認してもらいます。浴槽内で姿勢が崩《くず》れないように見守ります。片麻痺《かたまひ》の利用者は患側が浮きやすいので、肩を支える、患側の腕を肘《ひじ》かけに乗せるなどして支えます。

× 安全面　リフトが動いているとき、介護職がリフトにだけ手をかけている

利用者の身体が不安定になるのを避けるため、機械を操作する際には、利用者の身体も必ず支えましょう。

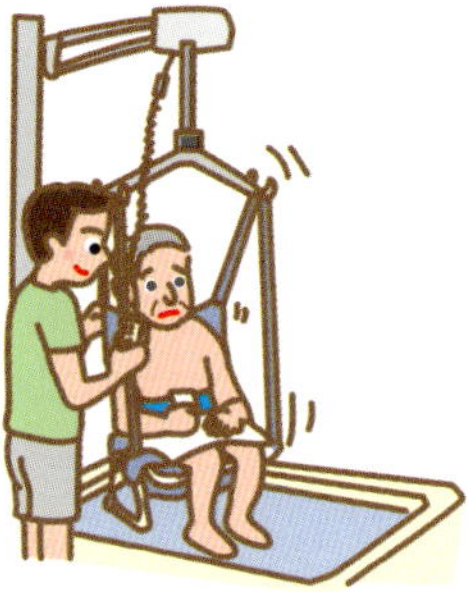

× 身体面　「身体が浮いてきたから」と、ベルトをきつく締める

ベルトをきつく締めることで、利用者の腹部が圧迫されます。また、入浴のよさを利用者に感じてもらうためにも、ベルトは必要最低限にし、介護職が支えたり、すのこなどで浴槽を底上げする工夫が必要です。

5 複数入浴での介助

① 利用者1人に1名の介護職がついて介助します。

② タオルや洗面器は共有しません。タオルは個別に用意し、使い終わったら消毒液の入ったバケツ等へ入れます。洗面器はそのつど洗浄し、最後に消毒します。

③ 湯船から出る利用者と湯船に入る利用者が、スロープや階段ですれ違わないように誘導します。

④ 異性の利用者が、脱衣室や浴室で顔を合わせることがないように配慮《はいりょ》します。

× 心理面　「洗髪担当」「洗身担当」など、入浴介助を介護職間で分担する

1名の介護職がマンツーマンで介助しないことが、利用者の不安を増長させ、不穏な行動などに現れます。複数浴であっても、マンツーマン介助を心がけましょう。

× 倫理面　人権を無視するような言動

日替わりで入浴担当を決めている施設や事業所では、長時間入浴介助を行うストレスへの配慮も必要です。そのような言動は、職場環境にも原因が考えられます。

〈例〉

①男性（女性）が脱衣室や浴室にいるのに、女性（男性）を入れる。

②「大丈夫、はずかしくない。誰も見ていないから」など

6 清拭

❶ 室温を確認し、隙間風《すきまかぜ》や外から見えないように窓やカーテン等を閉めます。介護職の手のなかに納まる大きさのタオルを、丸めるかたたんで使用します。

❷ 利用者が安楽体位となるよう介助し、姿勢を整えます。介護職は、拭《ふ》く部位の正面中央に、支持基底面積を広くとり、立ちながら介助します。左右や上下の移動の際は、膝《ひざ》を曲げて自分の体重を移動させて行います。

❸ 身体を拭く前に、蒸しタオルで利用者の身体を覆《おお》い、温めます。

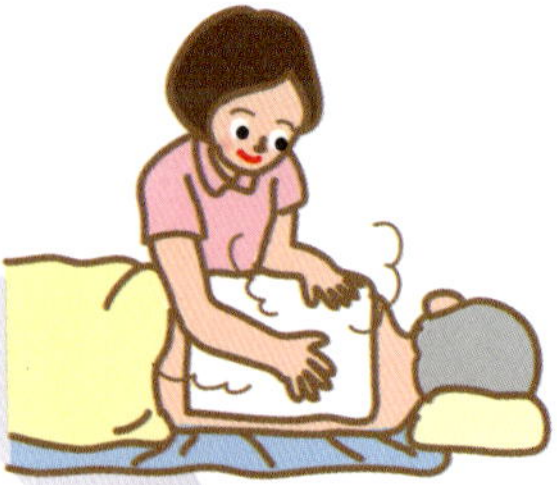

❹ 拭く順序は、末梢《まっしょう》から中枢へを心がけます。

❺ 骨や関節、筋肉の走行の形に沿って拭きます。蒸しタオルで拭いた後は、すぐに乾いたタオルで拭き仕上げします。

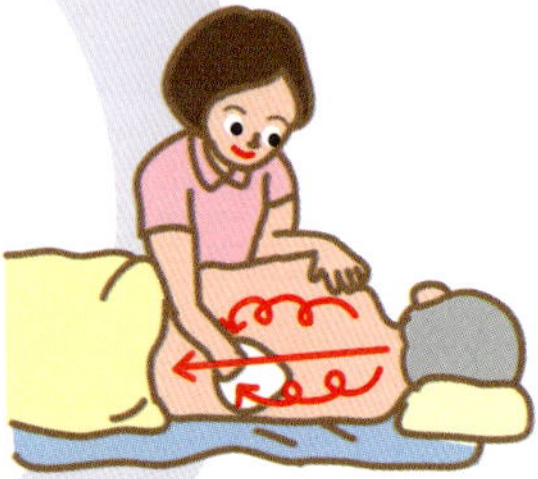

×身体面　「時間が空いたから」といきなり清拭《せいしき》を始める

利用者の心身への負担を考慮《こうりょ》しましょう。清拭は入浴と同様、体力を消《しょう》耗《もう》するので注意が必要です。

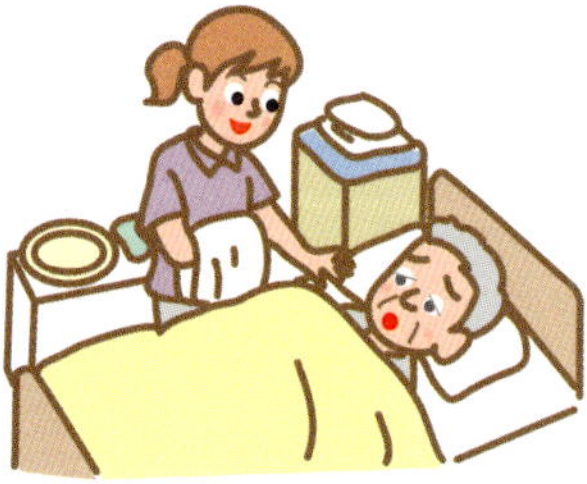

×身体面　利用者の体位が崩《くず》れているのに気づかない

患側《かんそく》が身体の下側になり、血流が止まる危険があります。また、関節や筋肉に負担がかかり、痛みが生じます。

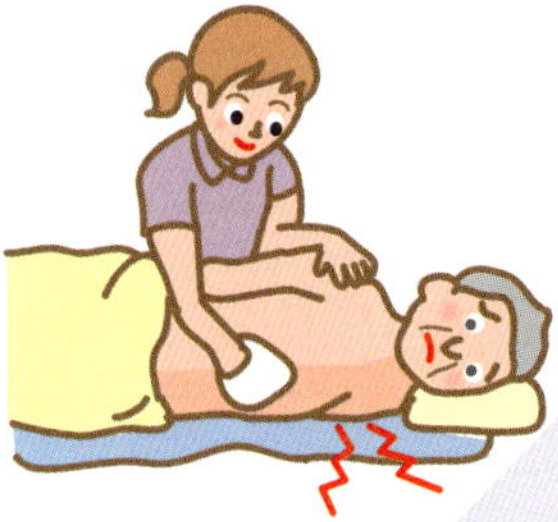

×身体面　前後左右に移動する際、介護職も同時に動く

無駄な労力となり、介護職も疲労し、腰に負担がかかることになります。支持基底面積を広くとり、左右の体重移動で動きましょう。

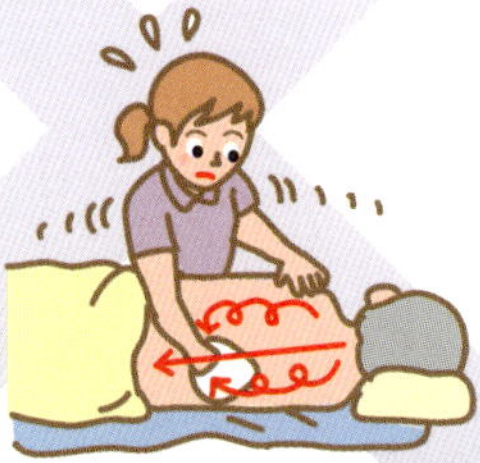

1 紙おむつの交換

1 介護職は、利用者の腰のあたりに立ち、腰を曲げて交換することのないようにベッドの高さを調整し、サイドレールを外しておきます。

2 新しいおむつを広げて縦方向《たてほうこう》に半分折りにし、横漏《よこも》れ立体ギャザーを立ち上げます。

3 利用者の健側《けんそく》の膝《ひざ》を立て、古いおむつを外します。蒸しタオルや温めたウェットティッシュを使い、陰部《いんぶ》から肛門部《こうもんぶ》に向かって面を変えながら拭《ふ》いていきます。

4 利用者の身体を側臥位《そくがい》にして、古いおむつの端を内側に織り込んで身体に沿わせます。介護職の片手は必ず利用者の骨盤《こつばん》を支えます。

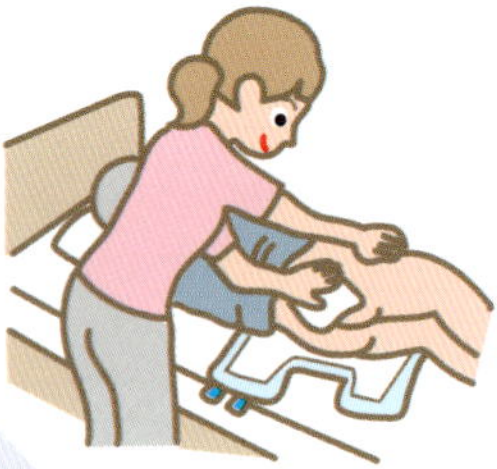

5 お尻《しり》や背中の汚れを拭き取り、汚れたおむつをやさしく外します。

6 利用者の腸骨《ちょうこつ》の上部とおむつの吸収体の端が同じ位置になるようにあてます。次に身体を仰臥《ぎょうが》位《い》に戻し、股《また》の間から古いおむつを引き出します。

7 新しいおむつを谷折りにし、そけい部に沿わせるように左右にねじりながら装着します。テープはクロス止めします。

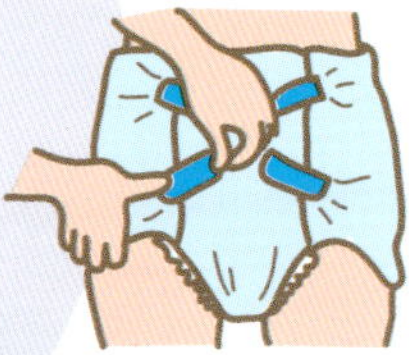

健康面　ベッドのサイドレールを外さずに交換する

利用者に接近しにくく、介護職の姿勢が崩《くず》れます。1日に何回も行う行為なので、姿勢の崩れは腰痛の原因にもなります。

衛生面　袋から取り出して広げただけのおむつを使う

単に広げただけでは、おむつの立体ギャザーは立ち上がりません。そのため、十分な尿の吸収ができずに、漏れにつながります。

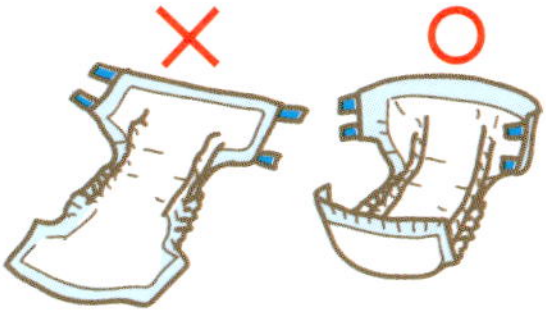

安全面　おむつを強く引っ張る

利用者の皮膚《ひふ》と擦《す》れて、痛みや擦過傷《さっかしょう》、おむつ破損の原因となるので注意が必要です。

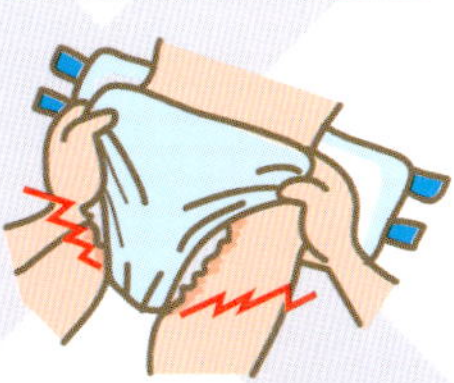

2 尿取りパッドの交換

① 利用者の下着を大腿部《だいたいぶ》まで下げます。利用者のお尻側《しりがわ》から、パッドを後方から丸めるように外して、後方に引き抜きます。片麻痺《かたまひ》がある場合、介護職は利用者の患側《かんそく》の足に介護職の足を密着させ、膝折《ひざお》れを防止します。

② 蒸しタオルで尿道から肛《こう》門部《もんぶ》に向かい、タオルの面を変えながらていねいに拭《ふ》きます。

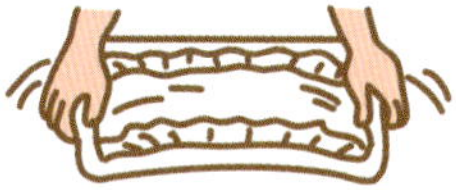

③ 新しいパッドの両端を持って軽く引っ張り、立体ギャザーをしっかりと立てます。片側の幅が広いパッドの場合、女性は幅の広いほうをお尻にあてます。男性は幅の広いほうをお腹側にあてます。

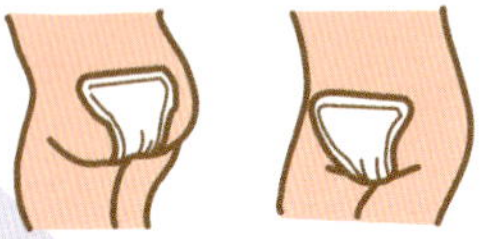

女性　　　男性

④ ズボンと下着を大腿部まで上げて、新しいパッドをそけい部に沿わせながら装着します。介護職は後方から、利用者の陰部からお尻に向かってあてます。

⑤ 利用者に装着感を確認し、下着を上げます。

×衛生面　陰部《いんぶ》の汚れをトイレットペーパーだけで拭き取る

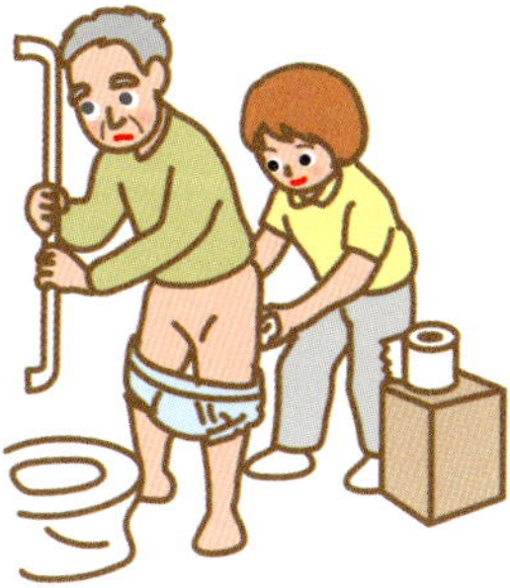

トイレットペーパーの繊維《せんい》が陰部にこびりついたままでいると、尿路感染症を引き起こす危険があります。汚れがひどい際はウエスやウェットタイプのおしり拭きを利用していねいに拭きます。

×衛生面　×倫理面　パッドを下着のなかに置いて、下着と一緒にはかせる

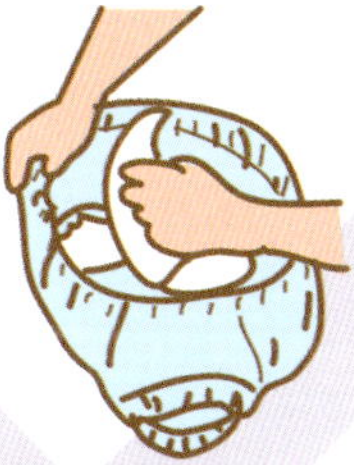

パッドが適切な位置にないと尿《にょう》漏《も》れします。また、パッドやおむつは身に着ける「下着」です。漏れを防ぐ「蓋《ふた》」ではありません。正しい位置にあてることが大切です。

3 陰部洗浄

①微温湯（37～38℃）を用意します。介護職は手袋をして、利用者の大腿《だいたい》部《ぶ》の内側にお湯をかけ、温度の確認をします。

②恥《ち》骨《こつ》部《ぶ》から大陰唇《だいいんしん》にお湯をかけます。ガーゼを巻いた人差し指で、陰《いん》部《ぶ》から肛門《こうもん》に向かって、中央から外側に向かって軽く拭《ふ》き取《と》るように洗い流します。

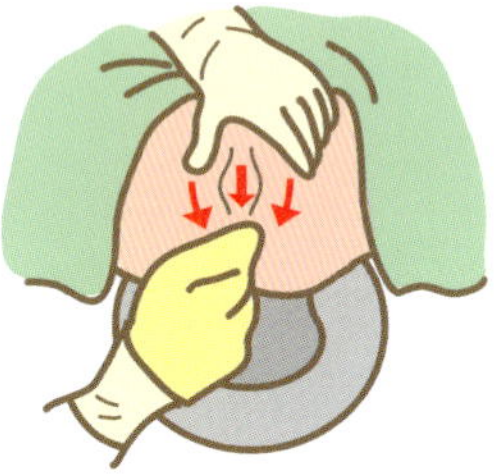

③男性の場合、ガーゼで陰茎《いんけい》と陰嚢《いんのう》を包み、陰茎と陰嚢の間や陰嚢の裏の皮《ひ》膚《ふ》をずらしながら拭きます。

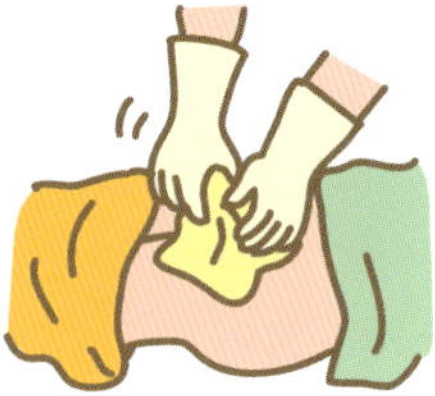

④やわらかく乾いたタオルで、湿り気を拭き取ります。

× 衛生面　肛門から陰部に向かって拭く

　肛門部や肛門周辺の菌を尿道口に付着させると、尿路感染の原因になります。タオルの同じ面で拭くことも、菌をほかに付着させることになるので注意が必要です。

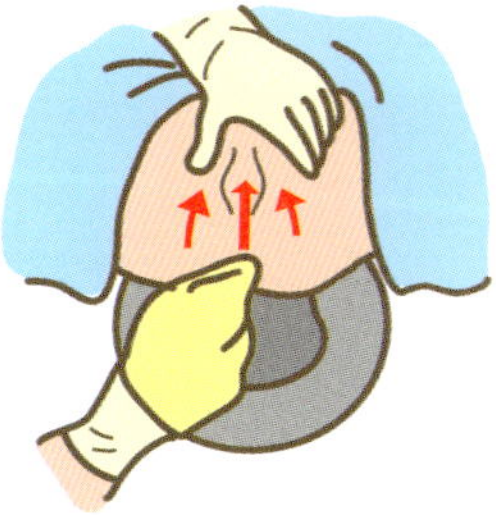

× 安全面　ガーゼでこするように拭く

　陰部はやわらかい皮膚・粘膜《ねんまく》です。ガーゼのような目の粗《あら》い布で強くこすることで皮膚や粘膜を傷つけ、皮膚剥離《ひふはくり》を起こして出血する可能性があります。傷があると排尿時に痛みを伴い、排尿を我慢《がまん》したりしてしまいます。

1 歩行介助

① 排泄《はいせつ》の意思を確認し、トイレにお連れします。本人が急いでいると、歩行の足どりが不安定になる場合があるので注意します。

② トイレの便器まで誘導し、ドアやカーテンを閉めます。

③ 下衣を下げて便器に深く腰かけ、排泄しやすい姿勢であるかを利用者に確認します。

④ トイレットペーパーの必要な長さを利用者に確認しながら、トイレットペーパーを切って、利用者に手渡します。

⑤ 介護職はドアやカーテンの外で待機し、利用者の様子を耳で確認します。

衛生面　使い捨て手袋をつけたまま、パッドなどを片手に持ったままの歩行介助

手袋やパッドに付着した菌を周囲に撒《ま》き散《ち》らしていることになるので、ほかの人への感染にも注意を配りましょう。

倫理面　ドアやカーテンを開けっ放しにする

プライバシーが保護されていません。利用者が1人でトイレ内にいることに不安がある場合は、利用者に断って一緒になかに入るか、ドアやカーテンを10cm程度開けた状態で、なかの様子が確認できるようにしましょう。

2 下肢筋力の低下した人

車いす→便器

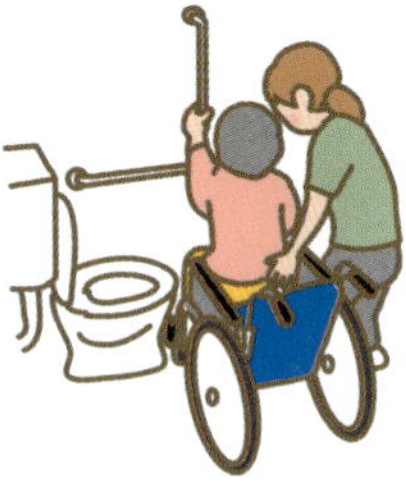

❶ 車いすを便器近くにつけます。利用者のお尻《しり》を座面前方に出し、健側《けんそく》の手で手すりを握《にぎ》り、健側の足を前に出します。

❷ 利用者にはアームサポートを握ってもらい、左右に体重移動をし、健側の足を上げてもらいながら下衣を下ろします。介護職は、利用者の患側《かんそく》の足に自分の足を密着させ、利用者に深くお辞儀してもらい、健側の足に重心が乗るように腰を浮かせます。

❸ 利用者に手すりをしっかりつかんでもらうよう、声をかけます。介護職は利用者の患側の足を支え、片腕に利用者の体幹が寄りかかるようにして支え、手で腰を支えます。もう片方の手で患側の腰を支えるとともに、介護職の大腿部《だいたいぶ》から腰を密着させます。

❹ 介護職はズボン、下着を下ろすことを伝え、ていねいに下ろしていきます。利用者は前傾姿勢をとりながら、ゆっくりと便座の位置を確認して腰かけます。

身体面 × 手すりと利用者の身体が密着するようにして立ち上がる

便座に座るとき、後ろに2、3歩歩くことになります。片《かた》麻《ま》痺《ひ》があると移動することができません。

倫理面 × 健康面 × 介護職が利用者の膝《ひざ》の間に足を入れて立たせて下衣を下ろす

尊厳の軽視に加えて、介護職が安定した立位がとれていないため、腰に負担がかかります。

心理面 × 利用者のズボンのウエストを引っ張って立たせる

引っ張られた利用者は、ズボンや下着がお尻に食い込んで不快になります。安定性からみても、不安定な状態が続くことになります。

4部

利用者の状態別介助の○と×

対麻痺

ポイント

●上肢《じょうし》を活用します。

●立ち上がりの際は、利用者の両膝《りょうひざ》を介護職の膝で挟《はさ》み、お尻《しり》を浮かせます。たとえ立てなくても、足を床につくことでバランスを保つようにします。

●移乗介助を介護職2人がかりで行う際は、1人が前方から腰を支え、もう1人が後方から骨盤《こつばん》を介助します。

●座位での移動がしやすいように、浴槽《よくそう》やトイレの高さを調整します。

安全面 車いすへの移乗介助を立位移乗で行う

立位移乗には転倒の危険があります。スライディングボードを活用するなど、なるべく立位をとらずにすむように移乗しましょう。

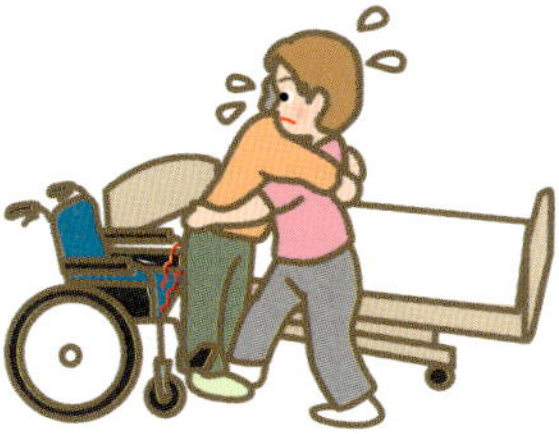

身体面 介護職が全介助する

全介助になると、残された上肢の力も衰《おとろ》えていきます。できることは本人にしてもらう支援が必要です。

安全面 ズボンのウエストを引っ張って介助する

対麻痺《ついまひ》の有無にかかわらず、ズボンを引っ張る介助は利用者にとって不快であり、バランスを崩《くず》しやすいのでやめます。

不全麻痺

ポイント

●健側《けんそく》・患側《かんそく》ともに、基本的には自分でやってもらうよう促します。どの程度患側が動くのかを確認して、どこにどのような介助が必要かをアセスメントするためにも有効です。

●麻痺《まひ》の程度によってできることが異なります。利用者が今ある能力を活用できる方法を尊重しましょう。

●ゆっくりとした動作でも自分でできることは見守ります。

●少しでも使ってもらうように声をかけ促します。

●安全に行うことを第一に考え、健側で行う部分と、患側も使う部分を明確にします。

× 身体面 介護職が全介助する

不全麻痺《ふぜんまひ》の利用者は、麻痺の程度は比較的軽いものです。その利用者の動きをサポートする介助を心がけましょう。また不全麻痺は、基本的に運動機能に生じた障害であり、そのほかの機能は正常です。ですから、感覚機能などへの働きかけには注意が必要です。

× 安全面 無理に患側を使わせる

移乗や移動の事故が多い場面では、無理に患側を使うことは避け、利用者が安全に安心して行えるよう配慮《はいりょ》しましょう。医師やリハビリ職が許可していない行為を「やってみましょう」と促すことは、禁忌《きんき》（危険）です。

1 移乗介助

① 利用者の足先を、移乗する側に少し向けておきます。

② 利用者の両手を前もしくは両膝《りょうひざ》の上に置いてもらいます。

③ 利用者に前傾姿勢《ぜんけいしせい》になってもらい、頭を介護職の胸から腹部にあてててもらいます。こうすることで介護職が支える部分が増えて安定します。

④ 介護職は、利用者の腰（背骨凸部《せぼねとつぶ》の下）を手のひらで支えます。利用者は中腰のまま、つま先に体重を移しながら方向転換して移乗します。

⑤ 円背《えんぱい》が強い人の場合、後方から腰を支えて行います。

×安全面　移乗する側の肘《ひじ》かけなどを利用者に握《にぎ》らせる

体重を支えきれずに前方に転倒する危険があります。円背のある人は、前傾姿勢となり、バランス不良であることを考慮《こうりょ》し、よい状態をつくることに努めましょう。

×身体面　介護職が利用者よりも先に前傾姿勢をとる

介護職の頭が利用者の頭の下にある状態です。利用者の前をふさぐため、しっかりと前傾姿勢をとることができません。

2 歩行介助

① 利用者の足もとに、転倒しやすい状況（段差・障害物）がないか確認します。

② 1人で歩ける利用者に対しては、バランスを崩《くず》したり危険な場合にすぐ手が出せるよう、介護職は2～3歩後ろを歩きます。

③ 支えが必要な場合は、前方の下から両《りょう》肘《ひじ》を支え、左右に体重移動しながら歩くよう誘導します。

④ 円背《えんぱい》のある人は前屈《まえかが》みで足もとを見て歩きがちなので、顔をあげて胸を張り、手を振って歩くよう声かけします。

× 安全面 歩行器を使用する

体重を歩行器に預けることで、前方に傾きすぎるため危険です。

歩行器を使用する場合は、リハビリ職らの助言をもとに、その人の姿勢・歩行状態に適したものを選びましょう。

× 身体面 利用者の手を握《にぎ》って手引き介助する

前傾姿勢で、目線も下に向きがちなため、手だけ引く歩行介助では、姿勢・歩行バランスが不安定なままです。利用者との距離をできるだけ狭《せま》くし、介護職とともに歩けるよう、肘を下から支え、利用者には介護職の手首を握ってもらいましょう。

3 車いすでの移動介助

① 円背《えんぱい》のある人は前屈《まえかが》みになります。前方に倒れないように、車いすの移動はゆっくりとスピードを落として行います。足はフットサポートにしっかりとつけます。

② お尻《しり》が次第に前に滑ってくるので、利用者の姿勢に注意します。対応としては、リクライニングの角度を変えて時々動かしたり、抱き起こして身体の血流をよくします。

③ 長時間座位姿勢をとらないように留意して、適宜《てきぎ》休憩《きゅうけい》をとります。

× 身体面 足底がフットサポートについていない

利用者のつま先がフットサポートのプレートで擦《す》れてしまいます。大腿《だいたい》部《ぶ》が常に緊張している状態になり、お腹や腰、背中に痛みが生じる可能性があります。また、移動時に足がずり落ちる危険も懸念《けねん》されます。

× 健康面 腹部をベルトで固定する

倒れないようにとベルトで固定するケースが多いようですが、利用者の腹部が圧迫されてしまいます。リクライニングの角度や枕などの工夫で対応しましょう。

4 姿勢保持の介助

ポイント

●座位保持が困難な場合、リクライニング式車いすを使用します。食事の際は、無理のない角度まで起こしますが、普段は少し倒した状態にします。

●車いすでの姿勢保持には、ビーズクッションやバスタオルなどを用います。低反発クッションを背中やお尻《しり》に使用して、褥瘡《じょくそう》を予防します。

●食事の際は、頸部《けいぶ》が前屈した状態となるので飲み込みにくいです。しかし頸部が後屈すると、さらに飲み込みにくくなる場合もあります。利用者に確認しながら、状態を観察しながら楽な姿勢になるように介助します。

●椅座位《いざい》の場合、骨盤《こつばん》が後傾しないように骨盤を保持できる角度（105度程度）で、背骨の凸部《とつぶ》を圧迫しない高さの背もたれのあるいすやソファーを使用します。

●仰臥位《ぎょうがい》の場合、高さのある長めの枕を使用します。

●側臥位《そくがい》の場合、上になる股関《こかん》節《せつ》・膝《ひざ》・くるぶしの位置が同じになるよう、高さに注意します。

× 身体面 頸部にタオルを丸めて挟《はさ》む

タオルを入れるのは腰です。頸部に入れると前屈した状態になり、身体に負担がかかります。

× 倫理面 下《か》腿《たい》部《ぶ》をレッグサポートに縛《しば》る

足が車いすから落ちないようにという理由であっても、縛る行為は身体拘束にあたるのでやめます。

× 医療面 側臥位の姿勢しかとらせない

利用者が安楽な姿勢となるように介助しましょう。一定の場所に圧がかかり続けることにより、褥瘡の発生につながるので、注意が必要です。

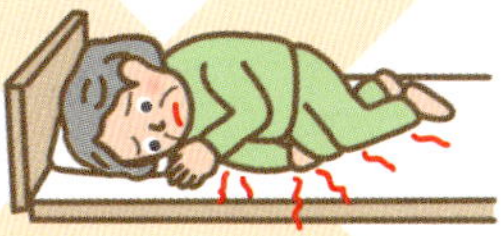

1 褥瘡のある人

姿勢保持

●座位や臥位姿勢《がいしせい》での除圧状態を確認します。医師の指示のもと、看護師や栄養士と連携します。

●除圧クッションを使用する場合は理学療法士に相談し、利用者に合ったものを選択します。

●ベッドのギャッチアップは30度以内にします。

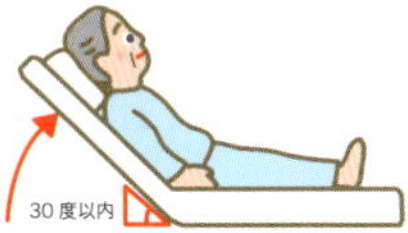

入浴介助

① 傷口がないことを確認し、看護師に入浴の可否を確認します。褥《じょく》瘡《そう》の傷口にフィルムを貼《は》って入浴する場合は、はがれないように注意します。フィルムを使用しない発赤程度《ほっせきていど》の場合は、お湯をかけながら軽くなでる程度に洗い流します。

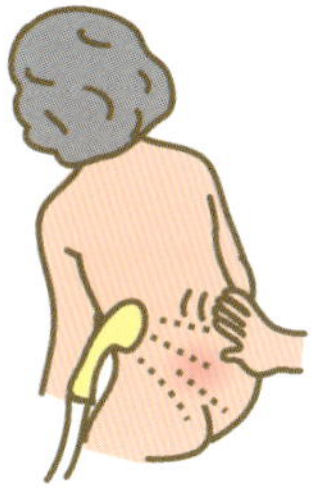

② 傷口にしみないよう、お湯の温度は低めに設定します。

③ 洗い流した後は、皮膚《ひふ》をよく乾燥させます。やわらかいガーゼなどをあてながら、水分をとりましょう。

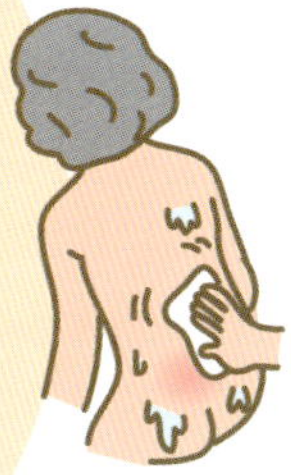

④ 利用者があがることを看護師に連絡し、傷口の消毒・フィルムの交換の処置をしてもらいます。皮膚の乾燥を防ぐように留意します。

× 医療面 1つの部位の除圧ばかり注意する

代わりにほかの部位に圧がかかり、新たな褥瘡を引き起こしかねません。

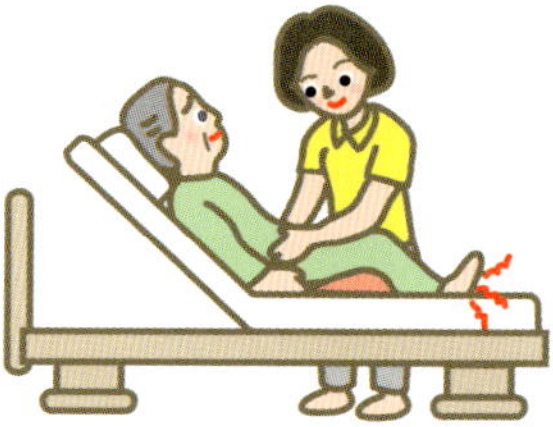

× 医療面 円座を使用する

除圧目的に使われる円座は、血管の圧迫による創部《そうぶ》のうっ血や虚血、円座使用部分の深部組織のずれと圧迫などを引き起こします。

× 医療面 感染を防ぐ目的で入浴を避ける

入浴によって皮膚を清潔にし、血行も促進されます。滲出液《しんしゅつえき》があるときは、看護師にドレッシングフィルムなどで密閉してもらいましょう。

2 拘縮のある人

ポイント

●理学療法士などに、拘《こう》縮《しゅく》部分について動かしてもよい範囲を確認しておきます。

●運動の効果を上げるため、利用者に負担のないよう1日に午前・午後1回ずつ、可動域を広げる運動を行います。手洗いや食事の機会を活用するなど、運動の機会を確保しましょう。

●利用者が離床できない場合、ベッドで臥《が》床《しょう》しているときのポジショニングに留意し、筋の緊張をとります。

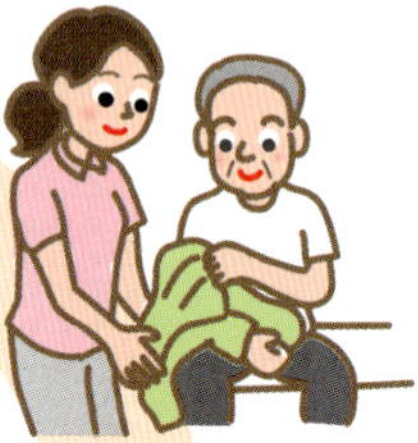

●リハビリテーションのときに行うというよりも、生活の行為を自分で行う際のウォーミングアップとして行うような場面設定に配慮《はいりょ》しましょう。

●手が冷たい場合は、手浴《しゅよく》や温タオルで温めるとよいでしょう。

×身体面　日常的に可動域を広げる運動を取り入れない

たとえば入浴のときだけ運動するなど、1日1回、決まった時間にだけしか動かさないのではなく、日常生活になるべく多く機会を取り入れることが必要です。

×身体面　寝たままの状態で体位変換しか行わない

下肢《かし》の拘縮がひどい場合、体位変換だけしかしないことがあります。これ以上の悪化を防ぐためにも、可動域を広げる運動を取り入れましょう。

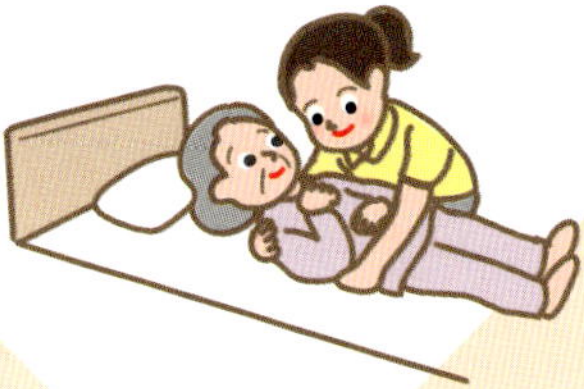

1 経鼻経管栄養

食事

1 利用者に、食事を始めることを伝えます。利用者の手を拭《ふ》いて、口唇《こうしん》を脱脂綿《だっしめん》等で湿らせます。

2 ベッド上で食事をとる際は30～60度程度にギャッチアップします。

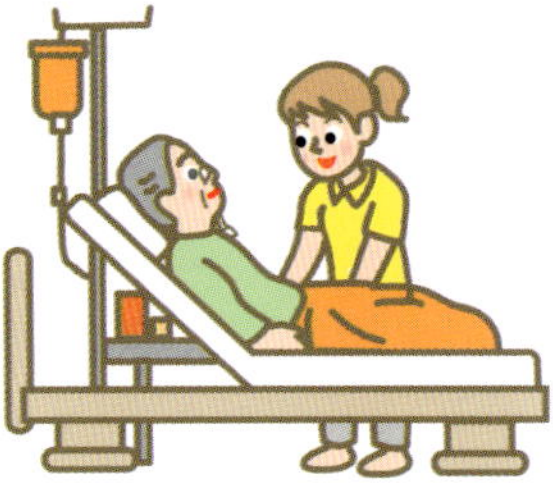

3 栄養剤を注入中、介護職は利用者の状態を観察します。終わったらそのことを医療職に伝えます。

4 食後は歯ブラシやスポンジブラシによる口腔内清《こうくうないせい》拭《しき》を行います。

日常のケア

- 体位変換の際、チューブがよじれていたりしないか観察します。
- 居室内に1人でいることが多くなりがちなので、こまめに居室を訪れ、声かけをしましょう。離床可能であれば、短時間でもベッドから離れ、ほかの人と過ごす時間をつくります。

×健康面　ベッドをギャッチアップしない

栄養剤が逆流する危険があります。リクライニング式車いすでも、必ず30 ～ 60 度程度角度をつけるようにします。

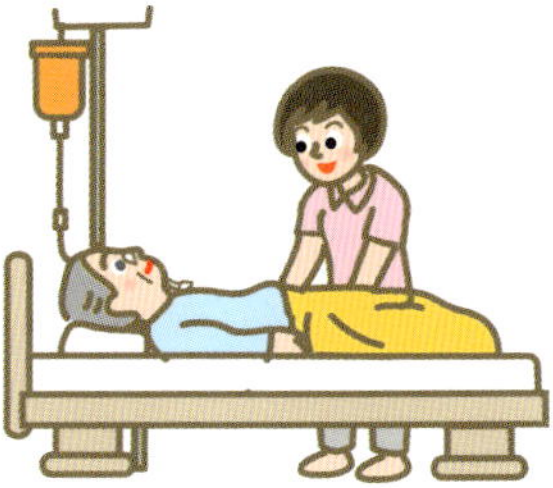

×倫理面 ×安全面　注入中に席を外したり、利用者の爪《つめ》切《き》りなどを行う

たとえ栄養剤による食事でも、食事の場にふさわしい雰囲気《ふんいき》を心がけます。また、ほかの行為をしていると、いざというときにとっさの反応ができません。

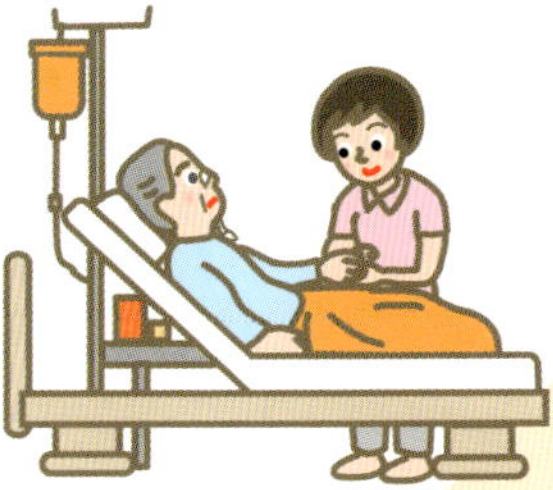

2 尿道カテーテル

① 医師が指示した1日の水分摂取量を把握し、水分補給をすすめます。

② ハルンバッグ内の蓄尿の処理時間を決め、量の測定をし、記録します。量や色、におい、混濁など、摂取水分と排尿量の関係を確認します。

③ 尿道口の周囲は、タオルを小さくたたんで清《せい》拭《しき》します。

④ 排便後は陰《いん》部《ぶ》洗《せん》浄《じょう》し、肛《こう》門《もん》周《しゅう》囲《い》をきれいに拭《ふ》きます。

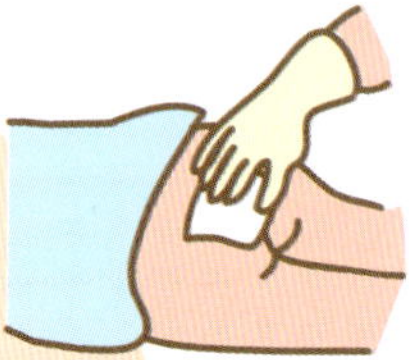

⑤ 尿路感染に留意し、発熱した場合は医療職に速やかに報告します。

健康面 体位変換時、カテーテルが身体の下敷きになる

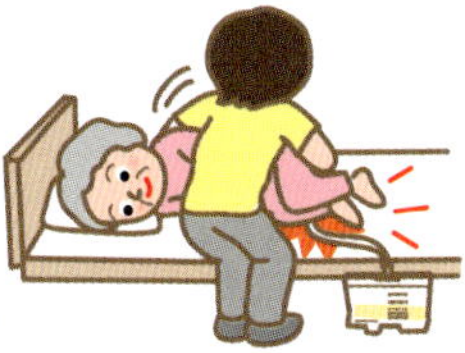

尿の流れが止まる、もしくは逆流の危険があります。カテーテルやハルンバッグが日常生活の邪魔《じゃま》にならないよう、置く位置に留意します。身体の下になる、管が折れ曲がるなど、尿の流れが妨《さまた》げられることのないよう、必ず確認しましょう。

衛生面 ハルンバッグが尿道より上にある

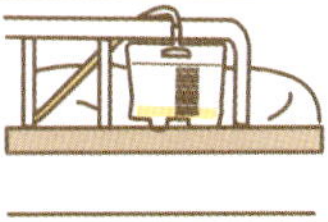

尿が逆流する危険があります。尿道のある位置よりも40cmほど下に位置させます。

衛生面 ハルンバッグを床に落としたまま

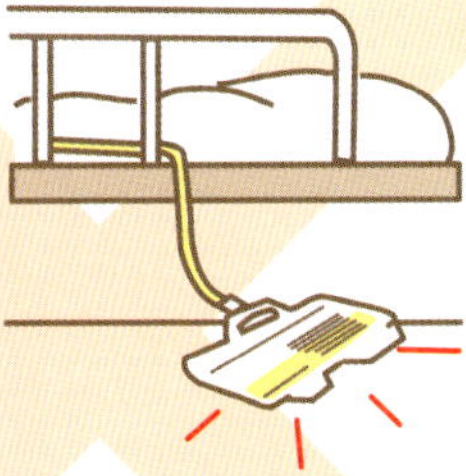

尿道カテーテル使用者が尿路感染を起こす原因として、カテーテルとバッグの接続部や、バッグの排液口の衛生管理の不備があります。陰部（カテーテル挿入部とその周辺）の清潔のみならず、バッグが床についていないか、汚れた手でバッグに触れないなど、衛生管理に気をつけましょう。

3 人工肛門（ストーマ）

ポイント

●座位では、ストーマ部分が圧迫されないように姿勢に留意します。

●医師の指示に基づいて、水分摂取をすすめます。

●皮膚《ひふ》を清潔に保ち、排泄物《はいせつぶつ》を観察します。パウチの3分の1程度たまったら廃棄します。においが気になるようであれば、栄養士と相談して食材を検討します。

●就寝前にはパウチ内の排泄物を廃棄します。夜間は、漏《も》れや臥《が》床《しょう》状《じょう》態《たい》、排泄物がたまっていないかを定期的に確認します。

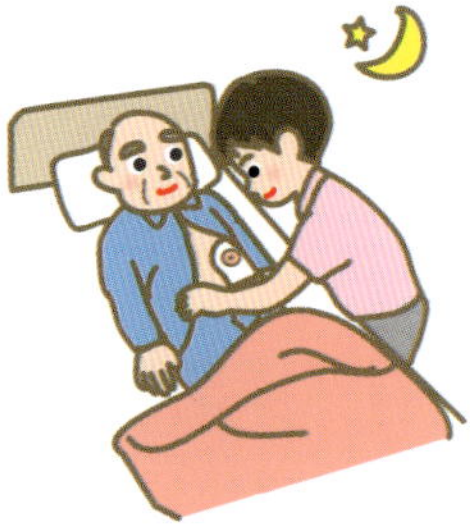

入浴介助の留意点

1. ストーマ周辺を拭《ふ》くタオルは専用のタオルを用意します。
2. パウチにたまった便は、入浴前にトイレに廃棄します。
3. パウチをつけたまま入浴し、浴室から出る直前にパウチをはがします。はがした後はガーゼ等のやわらかい布を使って石けんで洗います。洗った後はよくすすぎ、シャワーの水圧が強くならないよう注意します。
4. ストーマ周囲の皮膚をよく乾燥させ、看護師に連絡し、新しいパウチに取り替えてもらいます。

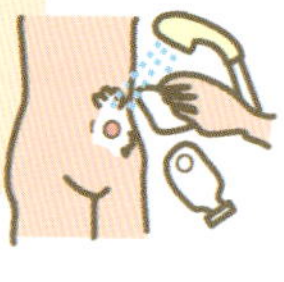

× 衛生面 夜間のパウチの確認・交換をしない

通常、おむつであれば定期的に交換すると思いますが、パウチでも同様です。定期的な確認、対応を心がけます。

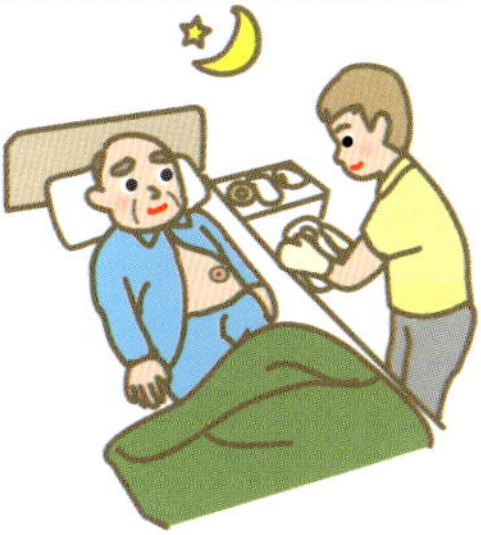

× 衛生面 座位の姿勢で腹部が圧迫されている

腹部が圧迫されることで、パウチ内の排泄物が逆流する危険があります。

× 医療面 入浴時にパウチがはがれたら、介護職が自ら貼《は》り直《なお》す

不適切な装着は、菌による皮膚の感染につながります。医療職に連絡し、貼り直してもらいましょう。

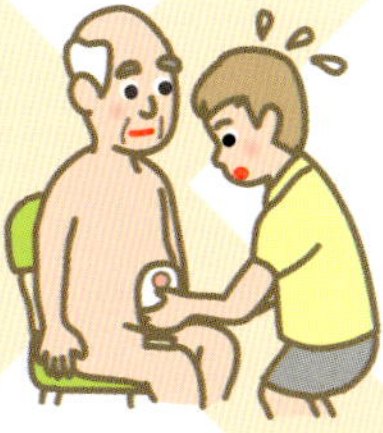

4 在宅酸素

ポイント

●利用者が自分の身体の下にチューブを敷き込んでいないか、ベッドのサイドレールやサイドガード等にチューブが引っかかっていないか、**誰かがチューブを引っ張っていないか**を確認します。また、チューブの清潔状態やかたくなっていないかなどを観察します。

●食事や入浴時は取り外します。

●チューブやボンベの交換日を把握しておきます。

●連続した運動をさせないように、移動の際は休憩《きゅうけい》を挟《はさ》みながら、ゆっくり行うよう声をかけます。

●**火気は避けます。**また、部屋の空気の乾燥を防ぐため、加湿器を使ったり濡《ぬ》れたタオルを室内にかけます。

●決められた吸入量が守られているか確認します。

× 安全面 ほかの利用者がチューブを引っ張る

施設などでほかの利用者の注意を怠《おこた》ると、チューブを踏まれたり、引っ張られたり、引っかかることがあります。目の前の在宅酸素利用者だけではなく、常に全体を見渡す注意力が必要です。

× 安全面 火気に近づける

圧縮された酸素を扱っているため、引火すると大火災につながりかねません。利用者の近くに喫煙者がいたり、暖房器具がないか注意が必要です。

1 短期記憶の障害

ポイント

●ゆったりと話せる環境をつくり、スキンシップをとりながらゆっくりと語りかけます。

●話は短文で、一度に多くのことを話さないように心がけます。

●同じことを繰り返し伝えます。

●利用者のもつ能力を活用します。たとえばメモを書いて渡したり、カレンダー等に書きとめる、貼《は》り紙《がみ》をする、実物を見せるなどの工夫をしましょう。

×身体面 早口で大きな声で話す

意味を理解するのに時間がかかるため、早口で話すことは慎《つつし》みます。

×倫理面 介護職が「さっき言ったでしょ」「何回同じこと言わせるの！」などと言う

同じことを繰り返し伝えることでできることもあります。

×倫理面 「すぐ忘れるから」と伝えない

コミュニケーションがなくなり、外とのつながりを保つことに障害が及ぶ可能性があります。

2 手続き記憶の障害

ポイント

●本人がどの程度できるのか、事前にしっかり把握します。介護職が利用者を把握していないと、利用者が自分ができないことに対してショックを受けることにつながります。

●すべて工程をこなすことはできなくても、部分的に手伝ってもらうようにします。たとえば、ジャガイモの皮むきはできないけれど、乱切りはできるなどです。

●本人のペースで行うことができるよう、周囲の環境を整えます。

●時間がかかっても介助しようとせずに、見守ります。「何かお困りですか」など本人が何で戸《と》惑《まど》っているかうかがいましょう。

× 心理面 「やはり難しいですね」などと言う

事前に利用者ができることを把握しておかないと、こうした事態に陥《おちい》ります。

× 倫理面 「□□さんはできないみたいだから、○○さんに代わって」などと言う

本人を否定することになります。利用者本人がどうやったらできるのかを考えましょう。

× 倫理面 介護職が何でも教えようとする

料理などは昔とった杵《きね》柄《づか》で、時間をかければできることが多くあります。利用者同士教え合う関係づくりなど、周囲の環境を整えることで対応しましょう。

3 見当識障害

ポイント

●家具は見慣れたものを使用します。

●使い慣れた、見慣れた表示を使います。

●「朝ごはんですよ」「今日は○月○日□□の日ですね」「この番組《テレビ》をみてから30分がたちますが、疲れませんか」など、生活のなかで時間や季節を伝える機会を設《もう》けます。

●室内を整理《せいり》整頓《せいとん》し、目印となるものを置いてわかりやすい環境にします。

●利用者の言うことは否定しません。

●利用者がわかりやすい言葉で説明します。

× 倫理面　利用者が間違っていることを指摘・修正する

「違うわよ。△△さんよ」「トイレは廊《ろう》下《か》の突き当たりでしょ」などの言葉は、混乱している本人をさらに傷つけることにつながります。

× 精神面　混乱する言い方やあいまいな説明

「あっちのほうです」「そこを右です」といった言い回しではなく、「○○と書かれたところを右に曲がります」など、具体的なものを示して説明します。

4 判断障害

ポイント

●利用者がリラックスできる状態、環境を整えます。

●物事を一つずつ整理しながら考え、決めるようにかかわります。

●時間や場所を変えて、整理できるゆとりをもたせます。

●判断しやすいように、手順を整えたり、話す順序を工夫します。

●その人がどの程度の認知機能障害かを把握し、できる部分を活用したかかわりをします。

●本人がわかりやすい言葉でコミュニケーションをとりながら行います。

×　精神面　介護職が回答を急がせる

答えを急《せ》かされるとさらに混乱を招くことになります。利用者が困惑・混乱しながら自分で考えていることに共感しましょう。

×　倫理面　介護職の答えや考えを押しつける

利用者に自己決定させない環境は尊厳《そんげん》を傷つけることにつながります。難しく、複雑な判断が困難であっても自分の思いや気持ちを伝えることは、どんな状況でも可能であるということを忘れてはいけません。

1 感覚障害

ポイント

●感覚消失、感覚《かんかく》鈍麻《どんま》、感覚過敏、異常感覚など、障害の程度に合わせた対応をとります。視覚、聴覚、触覚などは日常生活で発見しやすい感覚障害なので、早期発見に努め、事故につながらないようにします。

●温度感覚や痛覚は、利用者本人も理解が難しい障害です。利用者に介助の説明をして了解を得る、体調や痛みの確認をする、観察を怠《おこた》らないなどの基本を徹底します。

●入浴時は、**まずは介護職が湯温を確認した後、**利用者に健側《けんそく》で確認してもらいます。

●食事介助では、「熱いので気をつけてください」と一言加えて、みそ汁や湯飲み茶碗《ちゃわん》を配膳《はいぜん》します。

●移動時の障害になるので、居室や廊下《ろうか》の動線内には必要がないものを置かないようにします。

●車いすで移動する際は、アームサポートから肘《ひじ》が出ていないか確認します。

× 安全面 「これ痛いですか？」と、痛みの程度を試す

痛みは主観的な部分が大きく、また要介護高齢者のなかには感情を訴えることが不得手な人もいます。「痛いと言わないから」とエスカレートして事故につながることは避けましょう。

× 安全面 シャワーや湯温について、介護職が確認しない

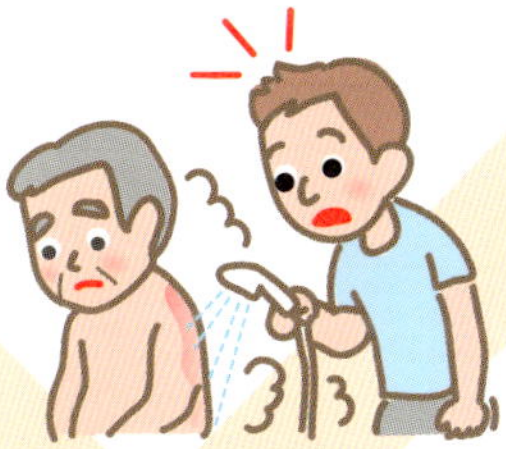

感覚障害のある利用者の場合、本人が温度について判断できない場合も少なくありません。介護職が必ず確認し、適切な温度や強さに調節しましょう。

2 視野障害

ポイント

●利用者が見える範囲を把握し、あいさつや声かけは利用者の見える範囲内で行います。

●移動の際に障壁となるものを取り除くよう、環境を整備します。

●声かけ誘導による介助をします。

●コミュニケーションによる情報の提供と、危険箇所《きけんかしょ》の伝達をこまめに行います。

●食事の際は、利用者が見える範囲に配膳《はいぜん》します。

●拡大読書器など、必要に応じて福祉用具を活用します。

身体面 精神面 × コミュニケーション方法の誤った選択

視野障害は視力の低下とは異なります。見える範囲でのコミュニケーションは可能です。例えば、点字を導入することで本人の活力を奪《うば》ったり、身体機能の低下、心理的負担につながりかねません。

安全面 × 見えていない範囲にお膳《ぜん》や湯飲み茶碗《ちゃわん》・コップを置く

手を当ててこぼしたり、落としたりする危険があります。

安全面 × 突然視野に入る声かけや話しかけ

人は、急に視野に入ったものに対して抵抗や拒否の感情を抱きます。とっさに払いのけるなどの動作が、結果的に事故につながる危険があります。

参考文献

白井孝子
『基礎から学ぶ介護シリーズ
改訂　介護に使えるワンポイント医学知識』
中央法規出版、2011年

介護福祉士養成講座編集委員会編
『新・介護福祉士養成講座7　生活支援技術Ⅱ　第2版』
中央法規出版、2010年

福辺節子監
『早引き　介護の基本技法ハンドブック』
ナツメ社、2011年

髙瀬義昌監、日本訪問看護振興財団
『早引き　介護のための医学知識ハンドブック』
ナツメ社、2010年

日総研グループ編
『高齢者ケアリスクマネジメント・生活支援技術マニュアル』
日総研出版、2009年

日野原重明監、西山悦子
『新・介護を支える知識と技術』
中央法規出版、2009年

壬生尚美・佐分行子編著
『事例で学ぶ生活支援技術習得－新カリ対応－』
日総研出版、2008年

著者略歴

櫻井恵美（さくらい えみ）

NHK学園専攻科社会福祉コース専任教員。介護福祉士・社会福祉士。特別養護老人ホーム、デイサービスでの介護職を経て、介護福祉士・社会福祉士・ホームヘルパー・福祉用具専門相談員の養成講師等を務め、現在に至る。東京都福祉サービス第三者評価委員、介護技術講習主任指導者。

ポケット判 介護の○と×シリーズ

介護技術○と×

2013年２月１日　初　版　発　行
2019年７月１日　初版第５刷発行

著　者　櫻井恵美
発行者　荘村明彦
発行所　中央法規出版株式会社
〒110-0016　東京都台東区台東3-29-1　中央法規ビル
営　　業　TEL03-3834-5817　FAX03-3837-8037
書店窓口　TEL03-3834-5815　FAX03-3837-8035
編　　集　TEL03-3834-5812　FAX03-3837-8032
https://www.chuohoki.co.jp/
Eメール　reader@chuohoki.co.jp

装　丁　　はせまみ
イラスト　　ちよ（表紙）／藤田侑巳（本文）
印刷・製本　サンメッセ株式会社

ISBN978-4-8058-3741-2